FONTES DA FORÇA INTERIOR

Dados Internacionais de Catalogação na Publicação (CIP)
(Câmara Brasileira do Livro, SP, Brasil)

Grün, Anselm
    Fontes da força interior: evitar o esgotamento, aproveitar as energias positivas / Anselm Grün ; tradução de Lorena Richter. 4. ed. – Petrópolis, RJ : Vozes, 2014.

    Título original: Quellen innerer Kraft : Erschöpfung vermeiden : Positive Energien nutzen.
    Bibliografia.

    1ª reimpressão, 2020.

    ISBN 978-85-326-3512-9

    1. Energia psíquica (Psicanálise) 2. Espírito Santo 3. Espiritualidade 4. Vida espiritual I. Título.

07-3727   CDD-248

Índices para catálogo sistemático:
1. Força interior : Fontes : Espiritualidade : Cristianismo   248

Anselm Grün

FONTES DA FORÇA INTERIOR

*Evitar o esgotamento,
aproveitar as energias positivas*

Tradução de Lorena Richter

Petrópolis

© Verlag Herder Freiburg im Breisgau, 4ª edição, 2006.

Título do original em alemão: *Quellen innerer Kraft*, Anselm Grün

Direitos de publicação em língua portuguesa
2007, Editora Vozes Ltda.
Rua Frei Luís, 100
25689-900 Petrópolis, RJ
www.vozes.com.br
Brasil

Todos os direitos reservados. Nenhuma parte desta obra poderá ser reproduzida ou transmitida por qualquer forma e/ou quaisquer meios (eletrônico ou mecânico, incluindo fotocópia e gravação) ou arquivada em qualquer sistema ou banco de dados sem permissão escrita da editora.

CONSELHO EDITORIAL

Diretor
Gilberto Gonçalves Garcia

Editores
Aline dos Santos Carneiro
Edrian Josué Pasini
Marilac Loraine Oleniki
Welder Lancieri Marchini

Conselheiros
Francisco Morás
Ludovico Garmus
Teobaldo Heidemann
Volney J. Berkenbrock

Secretário executivo
João Batista Kreuch

Editoração e org. literária: Dora Beatriz V. Noronha
Capa: WM design

ISBN 978-85-326-3512-9 (Brasil)
ISBN 3-451-28659-9 (Alemanha)

Editado conforme o novo acordo ortográfico.

Este livro foi composto e impresso pela Editora Vozes Ltda.

"Por vezes os nossos recursos se encontram escondidos por debaixo de uma grossa casca. Quando alcanço o núcleo interno no qual se encontra concentrada toda a força, nova energia fluirá para os meus pensamentos e ações, algo desabrochará em mim. Em cada um de nós existe este núcleo, repleto de energia e esperança".

Anselm Grün

Sumário

Introdução, 9

1. **Fontes turvas**, 17

    Emoções negativas, 21
    Modelos de vida destrutivos, 31
    Engrandecimento religioso, 40

2. **Fontes claras**, 47

    Conectando-nos com a nossa infância, 50
    Perigos internos, 55
    Caminhos que nos conduzem aos nossos recursos, 59
    A força da imaginação, 60
    Reminiscência, 63
    Imaginação ativa, 67
    Sobre como a saúde é gerada, 70
    A criança interior, 75

3. **A fonte do Espírito Santo**, 79

    Ímpetos curativos, 85
    O fruto do Espírito, 90
    Virtudes e valores, 105
    Sentido e orientação, 112

4. **O caminho espiritual,** 117
   Palavras repletas de espírito, 120
   Meditação e oração, 123
   A força dos rituais, 128
   Tempos de silêncio e tranquilidade, 130
   A experiência da natureza, 132

5. **Imagens bíblicas,** 135

6. **As fontes das quais me abasteço,** 143

7. **Procure por suas próprias fontes,** 157

Referências, 167

Introdução

Quando nos deparamos com pessoas que sofrem de exaustão percebemos com frequência que estas não se encontram apenas resignadas e desencorajadas, e, sim, literalmente, sem ar. Elas nos dizem que precisam de tempo para tomar fôlego outra vez. Ao acompanhar pessoas desse tipo, percebo, através de suas conversas, o quanto desejam se sentir novamente esperançosas. Parece que o seu atual estado emocional não lhes permite sentir a presença de uma fonte interior, da qual poderiam reabastecer-se. A imagem da fonte ressecada se torna evidente neste contexto, pois aquilo que nos faz viver, de repente, não nos oferece mais nada. A exaustão nos faz sentir vazios e ressecados, perdemos o acesso à criatividade. Tornamo-nos incapazes de sentir a nós mesmos, insatisfeitos e murchos. Muitas vezes nos parece que estamos sendo pisoteados por pessoas que nos exigem o tempo inteiro. Atualmente não se fala apenas em exaustão, mas também em *burn out* ou esgotamento. A experiência é a mesma: sentimo-nos sem forças, desprovidos de vida. As profissões ligadas às práticas de ajuda sofrem com mais frequência desse fenômeno. No entanto, pessoas inseridas em outros contextos também correm esse tipo de perigo, quando assumem grandes responsabilidades e se encontram expostas a muita pressão. Quando perguntaram ao treinador de futebol Otmar Hitzfeld, que se encontrava em uma situação de muita pressão pública, se ele gostaria de treinar a seleção nacional da Alemanha, este recusou a oferta sob o pretexto de estar "descarregado". Um executivo alegou sentir-se extinto como um foguete. Todos nós sabemos que um foguete extinto não serve para mais nada. Carros podem ser reabastecidos nos postos de gasolina em troca de dinheiro; baterias podem ser recarregadas. Nós, contudo, não somos máquinas. Em que estado se encontram as nossas energias psíquicas quando nos sentimos sem forças e "acabados"? Como reencontrar a fonte de nossa vida?

Pessoas exauridas e esgotadas anseiam por fontes que as reabasteçam. Uma empresa de água mineral atraía os seus clientes a partir de grandes cartazes que exibiam a seguinte mensagem: "A minha fonte de energia"; outra apregoava: "Fonte de força pura", conectando, assim, de modo associativo, valores como vitalidade, força, poder de atração, juventude e saúde. Parece que desejam responder ao anseio das pessoas por frescor e vitalidade. Muitos cursos para executivos se dedicam principalmente à ideia de reabastecimento, de "recarregar as baterias", de entrar em contato com as nossas fontes interiores de força. A psicologia atual fala de *recursos* psíquicos, palavra esta que procede do francês e designa um acervo ao qual podemos recorrer, um reservatório no qual podemos nos reabastecer. A palavra *recursos* é derivada do latim "resurgere", que significa ressurgir. Trata-se da mesma palavra utilizada na Bíblia para a Ressurreição.

Muitas vezes os recursos se encontram escondidos por debaixo de uma grossa casca, e necessitam, primeiramente, ser desvelados. À medida que alcanço o núcleo interno, local onde toda força se encontra concentrada, uma energia suficientemente grande flui para o meu pensamento e minhas ações, desabrochando algo novo em mim. Este núcleo interno, repleto de energia e promessas, existe em todos nós. Necessitamos, no entanto, do silêncio para quebrar a casca que o envolve, porque somente assim a vida irrompe em nós, presenteando-nos com seus frutos.

Muitos entre nós acreditam que a fonte que nos faz viver se tornou turva, perdendo assim o seu potencial renovador. Por vezes isso acontece em função de atitudes nocivas para com a alma ou por causa de emoções externas que poluem uma fonte que originalmente se encontrava pura. Deste modo ansiamos por clareza, clareza esta que nos refresque e nos presenteie com a vida.

Sempre que o tema de minhas palestras gira em torno das fontes que nos abastecem, isto é, principalmente das fontes espirituais, perguntam-me sobre como entrar em contato com essa força interior, designada por mim de fonte do Espírito Santo. Por trás dessas perguntas percebo que muitas pessoas reconhecem, consciente ou inconscientemente, o fato de se encontrarem em uma situação de vida que adoece. Percebo também um grande anseio por algo que cure e confira força.

Outras pessoas já têm a impressão de que a sua fonte não flui mais livremente; ela está ameaçada de se exaurir. A água escorrerá na terra. No Profeta Jeremias encontramos a imagem da cisterna gretada, em que a água é desperdiçada na terra que a rodeia. A Bíblia denomina Deus como fonte inesgotável. Jeremias acusa os homens de terem abandonado a Deus, isto é, o manancial de águas vivas, para assim "cavarem para si cisternas, cisternas rotas, que não retêm as águas" (Jr 2,13). Essa imagem responde às perguntas de muitos. Não sabem onde se encontra a água da qual já se abasteceram um dia. Ela secou. Em algum lugar.

Poços e fontes são as principais imagens de nossa cultura, pois não podemos viver sem água. Após habitarem novamente o convento em 1913, os monges da abadia de Münsterschwarzach cavaram um poço, deparando-se com água logo após os primeiros cinco metros. Tratava-se, porém, de água da superfície que ressecou rapidamente. À medida que a temperatura subia a água parava de fluir. Além disso, estava turva. Os monges tiveram que continuar cavando até encontrarem finalmente água telúrica a oitenta metros de profundidade. Essa água era quase inesgotável, e o nível do lençol freático praticamente não diminuía, mesmo quando necessitavam de muita água no verão.

Trata-se de uma bela imagem. Quando não nos aprofundamos suficientemente, a água que encontramos é turva. Por vezes essas fontes parecem ser límpidas e podemos nelas saciar a nossa sede. No entanto, quando bebemos delas por um tempo, ressecam. São fontes que nascem apenas na superfície de nossa alma. Ressecam assim que a vida se torna mais ardorosa. Além disso, são turvas em função de influências externas. Algumas fontes já são turvas por si sós, e por isso não doam energia. Se desejarmos água límpida, água que nos presenteie com a vida, não podemos permanecer na superfície. Devemos lançar-nos em direção às fontes que realmente nos refrescam, fertilizam a nossa vida e dissolvem o que há de turvo.

Cada um de nós conhece essa diferença no próprio dia a dia. Por vezes podemos trabalhar e atuar bastante sem nos sentirmos exaustos. Por exemplo, quando despertamos durante as férias e o dia está ensolarado, julgamo-nos perfeitamente capazes de realizar uma longa caminhada. É prazeroso, apesar do cansaço que nos causa. Existem, todavia, também aqueles dias nos quais não conseguimos realizar nada; sentimo-nos cansados e exaustos e nada nos estimula. Por vezes encontramo-nos paralisados por uma sensação de falta de vontade quando não queremos olhar para aquilo que nos espera naquele dia. O medo diante de um colega de trabalho tem o potencial de nos bloquear. A pressão à qual acreditamos estar submetidos nos rouba toda e qualquer energia. Deste modo podemos nos perguntar: De onde obtermos a nossa força?

Observamos que, por vezes, tudo flui dentro de nós. Sendo assim, as coisas ao nosso redor também florescem. Conhecemos, porém, também o contrário quando nos sentimos esgotados, exaustos e amargos. Podemos nos basear na ideia de que, quando estamos exaustos, estamos nos abastecendo de uma fonte turva.

Esgotamento difere de cansaço. Existe um "cansaço honesto", mas ele nos confere bem-estar; conseguimos sentir a nós mesmos e somos gratos por aquilo que realizamos. Sentimo-nos vivos apesar de tudo. Após uma longa jornada de trabalho também estamos cansados; este cansaço, entretanto, encontra-se repleto de gratidão, o sentimento positivo de que valeu a pena nos empenhar pelas pessoas nos motiva.

Naturalmente, o cansaço também está ligado ao tipo de resultado que obtivemos com o nosso trabalho. Enquanto o cansaço que segue o sucesso é de natureza positiva, o fracasso nos causa insatisfação. Mas devemos ao menos nos questionar de que fonte nos abastecemos quando nos sentimos exaustos, amargos, insatisfeitos e vazios. O fato de nos abastecermos também de fontes turvas é totalmente natural e, de modo algum, estranho. Nesse caso, porém, seria o nosso dever ter consciência de tal fato e cavar mais fundo no intuito de entrar em contato com fontes límpidas e refrescantes.

As fontes possuem desde sempre um quê de fascinante. Enquanto lugares especiais atraem pessoas, a água doa e renova a vida. As fontes sempre foram consideradas sagradas e especialmente dignas de serem protegidas, pois a sua água emerge das profundezas da terra e se encontra livre de poluição. A água de uma fonte não sacia apenas a sede mais imediata, pelo contrário, continua borbulhando, tornando-se assim uma possibilidade constante de renovação da vida. Estas fontes doadoras da vida eram especialmente reverenciadas e, por vezes, associadas a um deus ou uma deusa, pois para a religião antiga a fonte é um local de forças divinas. Os seres humanos já percebiam, durante a Antiguidade, que não é apenas a vida externa que depende da fonte, e sim, também, a vida interior. Na Grécia, Apolo era o patrono das fontes; e era o deus do conhecimento e da clareza. As fontes claras prometiam uma forma mais clara de raciocínio, livre da poluição dos afetos. Muitas vezes os locais das fontes eram as cidades que abrigavam os oráculos. Peregrinava-se até as mesmas para obter indicações, através da divindade, de como conduzir a própria vida. Em Israel, consagravam-se os poços. O poço de Jacó, na cidade de Siquém, fascina os peregrinos até hoje. Ao beberem da água fresca que dele retiram, compreendem que Jesus conversou com a samaritana sobre a vivacidade da água justamente nesse poço. Os contos de fada nos falam das fontes da juventude, perto das quais nos sentimos como se tivéssemos nascido outra vez, como se o velho e o deteriorado fossem renovados.

A religiosidade cristã do povo assimilou o anseio que os seres humanos associavam à fonte, ligando-a à adoração da Virgem Maria e a experiências milagrosas. Quando Maria aparece, nova água emerge, fato este que ocorre em Lourdes, em Bad Elster ou em Wemding, onde se encontra o local de romaria denominado Maria Brünnlein. Os peregrinos pios esperam que a fonte de Maria lhes conceda cura e alívio para as suas doenças e uma nova orientação para as suas vidas. Parece que os seres humanos associavam desde sempre o êxito de suas vidas às fontes claras, dotadas de poderes curativos. Em seguida, gostaria de elevar para a esfera espiritual e terapêutica aquilo que a história das religiões e a religiosidade popular nos revelam. Por fim, quando nos perguntamos de que modo podemos nos orientar, não apenas segundo fontes externas, para obtermos cura, fortalecimento, orientação e frescor, no fundo procuramos por critérios de uma vida mais autêntica. Entramos em contato com as fontes interiores que recebemos de Deus para que delas possamos beber, nos refrescar e fortalecer.

O êxito ou o fracasso de nossas vidas depende das fontes das quais nos alimentamos. Neste sentido, gostaria de falar, no presente livro, sobre as fontes que abastecem a nossa vida com água sempre fresca e viva. Por um lado, trata-se de posturas e atitudes diante da vida que aprendi com os meus pais e que captei da natureza. Por outro, refiro-me a uma fonte que jamais resseca, pois é infinita e divina. No que se segue chamo-a de fonte do Espírito Santo. Muitos seres humanos anseiam pela fonte interior e pura do Espírito Santo, pois esta cura as suas feridas, doando-lhes força para que vençam os constantes obstáculos de suas vidas. Simultaneamente, muitos de nós percebem que esta fonte interior encontra-se ameaçada em função de posturas negativas diante da vida e influências externas. Por isso gostaria de começar falando sobre as fontes turvas das quais nos abastecemos. Podemos ir além delas apenas quando as reconhecemos, alcançando assim a fonte pura que habita as profundezas de nossa alma, fonte esta que é inesgotável, pois não flui apenas a partir de nós, e sim, em última instância, procede de Deus.

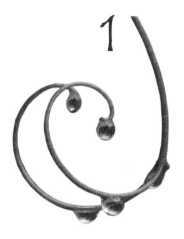

Fontes turvas

Repetidamente me deparo com queixas de pessoas que sofrem em função do clima estressante do mundo do trabalho. Os funcionários são estimulados a serem bastante ambiciosos e a construírem a sua carreira sem muita consideração com os colegas de trabalho. Estes são manejados como figuras de xadrez e usados para promover a carreira pessoal. Valorizam-se comportamentos agressivos e a habilidade de se impor, características consideradas imprescindíveis para cargos de chefia. A capacidade de se sobrecarregar também é considerada importante e deve ser provada a qualquer momento. E todos devem pressionar o próximo; tanto o colega mais próximo como o fornecedor devem ser pressionados até que atinjam o ideal, definido segundo os critérios da própria empresa. Pouco interessa o fato de muitos quase não mais suportarem essa pressão constante. Posturas agressivas, no entanto, jamais produzem um rendimento máximo, pelo contrário, bloqueiam a criatividade e acarretam novos problemas como medo, falta de ânimo e exaustão. Muitos internalizam a tensão constante e adoecem. A pressão alta tornou-se uma doença muito comum, pois as pessoas não conseguem mais lidar com a permanente pressão interna. São apenas exigidas e ninguém as instrui em relação às fontes das quais deveriam beber para realizar o exigido. Deste modo dá-se a sobrecarga e, consequentemente, aumentam as depressões que, em muitos casos, constituem um grito de socorro da alma diante de exigências demasiadamente altas. Atualmente falamos em depressão por esgotamento, depressão esta que surge logo que a fonte se encontra "esgotada", isto é, ressecada, pois pretendíamos explorá-la rápido demais e de forma pouco sensível.

Podemos perceber se o nosso trabalho é fruto de uma fonte turva ou clara a partir do humor das pessoas. O funcionário de uma grande empresa falou-me sobre um chefe de departamento que trabalhava quatorze horas por dia e, mesmo assim, o seu departamento era o mais insatisfeito de toda empresa. Quando perguntamos sobre a razão para isto, tornou-se evidente que ele trabalhava muito para tornar-se inatingível em relação a qualquer crítica. Não queria confrontar-se com os seus colegas e os desejos destes e assim se escondia por trás de seu trabalho. Sempre quando alguém observa que, "antes de dizer alguma coisa, você precisa trabalhar tanto quanto eu", podemos deduzir que ele está se abastecendo de uma fonte turva. Trabalha excessivamente no intuito de se esquivar da possibilidade de ser desestabilizado pelos seus colegas de trabalho. Ou então se esconde por trás de seu trabalho para não entrar em contato com as críticas de seus filhos e de sua mulher. Quando seus filhos desejam que dedique mais tempo a eles, revida: "O que mais devo fazer? Já faço tanto!" Esse tipo de postura emana agressividade. Podemos trabalhar até a exaustão e isso não produzirá nenhuma bênção, e, sim, insatisfação e amargura. Quem bebe da fonte do Espírito Santo irradia leveza, fertilidade e vida. Além disso, contagia os seus colegas que estarão mais dispostos a participar do trabalho. Além de ser uma fonte para o trabalho, sentir-se-á vivo por dentro. As coisas emanam dele, sem que ele se exaura. Para encontrarmos esse tipo de fonte temos que nos confrontar primeiramente com as fontes turvas, alcançando, através delas, as fontes límpidas que se encontram no fundo de nossa alma.

Emoções negativas

Emoções negativas escurecem as fontes das quais nos abastecemos. É notório que as nossas emoções exercem diversas influências sobre as nossas vidas. Elas as tingem de maneira positiva ou negativa. Possuem um efeito que vivifica; por vezes, porém, também atuam de modo destrutivo. Quando determinam a nossa vida de forma negativa, transformam-se em posturas que se incrustam, marcando e determinando o nosso comportamento.

Por vezes o medo pode ser um alerta e, nesse sentido, exerce um importante papel em nossas vidas. No entanto, quando aparece de modo destrutivo, ele nos captura, paralisa e bloqueia. Ir ao encontro do outro quando se sente medo é bastante exaustivo; não sei o que dizer, faltam-me as palavras. O medo me impede de agir do modo que costumo e permito que o outro me controle. Além desse medo social diante do outro e dos julgamentos deste, existe também o medo de fazer algo errado ou de se tornar culpado. Então, para não assumir nenhuma culpa, prefiro não fazer nada. Outros sofrem de fobias bastante concretas, como, por exemplo, do medo antes de provas. Quando conversamos com pessoas que sofrem de tal mal, notamos que elas sabem tudo. Na situação da prova, no entanto, o pânico as impede de externar o seu saber; sentem-se desconectadas dele. O medo tende a nos capturar cada vez mais. Quem sofre de medo diante de provas, fixa-se nele de tal maneira que acaba se bloqueando antes da prova. A pessoa não consegue mais estudar e perde o contato com as suas capacidades. O medo lhe custa muita força. Por fim, sente medo do medo, prendendo-se cada vez mais a uma situação sem saída.

A *ambição*, principalmente quando existe de modo exagerado, torna as fontes de nossa força e as possibilidades de regeneração igualmente turvas. Certa dose de ambição é produtiva, pois nos ajuda a trabalhar com esmero e a nos esforçar no sentido de desenvolvermos as nossas capacidades. Mas a ambição também pode se tornar uma prisão interna da qual é difícil escapar. A palavra alemã *ambição* tem a ver com avidez. Estar ávido por honra, reconhecimento, reputação e popularidade. Quem se deixa conduzir pela ambição perde o contato consigo mesmo e com aquilo que está fazendo no atual momento. É conduzido pela avidez; ela estimula as suas forças. Estas, porém, não são extraídas de uma fonte mais profunda, e sim apenas do seu querer. Ele explora sua fonte de energia e a si mesmo sem dó nem piedade. O trabalho assume um quê de dureza pelo fato de a ambição adquirir vida própria. Existem pessoas ambiciosas que perderam todos os escrúpulos e pensam apenas na sua honra e sobre como subir na vida. Os outros lhes são indiferentes. Atualmente a vida profissional valoriza a ambição como força motora e motivacional. As consequências destrutivas da ambição, contudo, não se reduzem apenas ao mundo do trabalho. Em um grau muito elevado é igualmente nociva no âmbito particular e familiar. Quando me empenho demasiadamente na educação de meus filhos não estou preocupado em honrar e respeitar os mesmos. Pelo contrário, preocupo-me apenas comigo mesmo, pois desejo me exibir através de meus filhos, usando as crianças a meu favor. Esta é uma fonte turva que dificulta a convivência familiar.

Atualmente o *vício no trabalho* é socialmente aceito. Fala-se de *workaholics*. O vício é parente da avidez por honra. O viciado depende daquilo que busca com paixão. Teme enxergar-se de modo mais autêntico e por isso procura anestesiar-se através do vício. Algumas empresas contratam viciados em trabalho para o cargo de gerente geral, acreditando estar fazendo um bom negócio, pois esse tipo de pessoa trabalha bastante, beneficiando assim a empresa. Quem é viciado em trabalho realmente trabalha muito; o resultado, no entanto, é pequeno. Necessitam do trabalho para encobrir o seu vazio interno; assim, encontram-se constantemente atarefados. Por não se distanciarem do trabalho deixam de ser criativos ou inovadores; tornam-se cegos. O que conta é trabalhar sempre e acreditam serem úteis e requisitados. Abraçam todo tipo de trabalho, mas não põem nada em movimento. O vício no trabalho é uma fonte turva. Quem dela se abastece esgota não apenas a si mesmo, mas, também as pessoas ao seu redor. Seu trabalho não constitui uma bênção para ele e nem para os outros.

Outra fonte turva é o *perfeccionismo*. Quem deseja sempre ser correto está o tempo inteiro sob pressão. E essa pressão interna o paralisa, rouba-lhe toda a energia. O perfeccionista não consegue entregar-se ao trabalho, esquecer de si durante o mesmo. Ao invés disso, preocupa-se constantemente em fazer tudo de modo adequado. Pressiona a si mesmo a trabalhar sem erros, mas essa pressão muitas vezes conduz ao erro. Às vezes, o perfeccionista encontra-se mais fixado na execução perfeita do trabalho; outras, no julgamento do próximo, naquilo que o outro poderia pensar dele. As duas coisas o separam de sua fonte interior.

Outra atitude bastante comum e que potencialmente nos esgota é *querer provar algo a si mesmo*. Sempre quando não nos envolvemos com o trabalho ou com as pessoas e, ao invés disso, giramos em torno de nós mesmos, de nossa reputação, nosso sucesso e reconhecimento, estamos nos munindo de uma fonte turva que rapidamente nos esgota. Henri Nouwen, um renomado professor universitário, descreve em seu relato "Dei ouvidos ao silêncio" a conversa que teve com John Eudes Bamberger, abade de um convento trapista. Henri Nouwen recolheu-se neste lugar em busca de uma nova orientação para a sua vida. Contou ao abade que, após as suas conferências ou conversas com os seus clientes, muitas vezes se sentia totalmente esgotado. A resposta foi clara e unívoca: "Você se sente esgotado, pois deseja provar a todos que assistem a sua conferência que escolheram a conferência certa. E você aspira provar aos clientes que optaram pelo terapeuta certo. A conduta de se colocar à prova te esgota. Se você se munisse da fonte da oração, as suas palestras não o exauririam tanto". Essa observação me parecia bastante evidente. Eu mesmo havia passado por isso. Vinte anos atrás também ministrava palestras, pressionando a mim mesmo muitas vezes. Queria provar aos ouvintes que eu era um bom orador. Sofria da ambição de que, no final, todos deveriam deixar a sala satisfeitos. Ministrar uma palestra deixa de ser exaustivo quando fazemos um bom uso de nossa laringe. O cansaço está ligado à pressão que impomos a nós mesmos. A ambição de superar os outros, a pressão de provar algo a si mesmo ou a exigência de satisfazer a todos e ser amado e reconhecido por todo mundo são atitudes interiores que conduzem à exaustão. Quando simplesmente falo daquilo que me comove, a palestra não suga a minha energia, pelo contrário, à medida que vou falando passo a me sentir mais vivo.

Deparo-me constantemente com pessoas que assumem a atitude de pressionarem a si mesmas. Professores, muitas vezes, revelam acreditar que precisam preparar as suas aulas de maneira perfeita, demorando muito para encontrar um formato satisfatório para a aula. Deste modo, no entanto, jamais concluem o seu trabalho e, além disso, desanimam-se com o mesmo e jamais se divertem com a criatividade de experimentar novos caminhos durante as aulas. Qual a origem dessa pressão de ser perfeito? Quem exerce essa pressão? Normalmente respondem que a escola é a responsável, que o diretor espera um trabalho perfeito e que os pais exercem pressão. A minha resposta é que, em última instância, somos nós que exercemos a pressão. Submetemo-nos a determinadas exigências, às exigências de nosso superego e às expectativas dos outros. Porém, temos a liberdade de dizer: "não preciso corresponder às expectativas dos outros. Eles podem ter as suas expectativas, mas sou livre para decidir o quanto quero corresponder a isso".

Muitos padres passam por algo parecido com o dos professores. Antes de cada sermão, pressionam a si mesmos, pois querem beneficiar-se dos ouvintes. Uns desejam atingir os acadêmicos e ouvintes; outros, o homem simples na rua ou a dona de casa que se encontra diante deles no banco. Outros já desejam atingir principalmente pessoas jovens, "forçando a barra", procurando por uma linguagem não convencional ou "moderna" que imita o jargão dos adolescentes. Nessas horas pergunto: Será que você não está criando ouvintes-fantasmas? Tenho certeza de que estão criando imagens ao invés de se envolverem com ouvintes concretos aos quais poderiam passar a sua emoção. Frequentemente somos movidos pela medida de nossos objetivos e intenções pessoais. São eles que exigem fazermos algo especialmente bem. Porém, o ouvinte percebe perfeitamente se o pregador tem interesses pessoais ou se está aberto a ser traspassado pelo Espírito de Deus que deseja falar através dele.

Aquilo que observo em professores e padres aplica-se, em última instância, a todos aqueles que precisam expor-se publicamente. Aplica-se a oradores, políticos e líderes. Nesses casos também observo a atitude de se pressionar. Percebe-se que eles internalizaram as suas estratégias de *marketing*. Não encontro seres humanos, mas, sim, apenas representantes de uma firma que exercem o seu papel. Desperdiçam muita energia, pois se fixam em um padrão de apresentação, permanecendo ao mesmo tempo desconectados deles mesmos. Desejam obter o máximo de lucro e oferecer os seus produtos de modo eficiente, renegando assim a sua personalidade. Quando a nossa linguagem cotidiana faz uso da expressão "comprar algo", isto muitas vezes significa "algo me parece confiável". Representantes que tentam me persuadir a comprar os seus produtos não conseguem muito de mim. Percebo-os apenas no papel que exercem. Não consigo enxergar o ser humano que existe por trás. Não os sinto enquanto seres humanos, o que acaba provocando instintivamente um comportamento de rejeição em mim. Não me sinto disponível para comprar algo deles. Outras pessoas devem sentir o mesmo. Isto dificulta a vida daqueles que desejam vender e, no fundo, impede um sucesso mais real.

Atualmente a *rivalidade* e a *competição* determinam fortemente a convivência. Quantas vezes nos comparamos com os outros, ao invés de vivermos o nosso próprio momento, sentindo-os como rivais. Pressionamo-nos para sermos melhores de que os outros, pois, caso contrário, não progredimos em nossas profissões e não somos avaliados de modo positivo pelo meio que nos circunda. Esse tipo de postura, que raciocina apenas em termos de concorrência, normalmente procede de uma autoestima baixa. Por não estar satisfeito comigo mesmo preciso provar o meu valor diante dos outros, preciso superá-los. Quem está em harmonia consigo mesmo pode envolver-se com a vida do jeito que ela é, não necessitando comparar-se constantemente com os outros, o que nos rouba energia.

Raciocinar em termos de concorrência é exaustivo, porque sentimo-nos rodeados por pessoas que procuram nos superar e precisamos estar atentos em relação aos possíveis ataques de nossos rivais e nos comprometer constantemente para alcançar os nossos objetivos. Muitas vezes, no entanto, travamos lutas imaginárias, desnecessárias e que nos custam bastante energia.

Outra fonte turva é a *compulsão de controlar e verificar tudo*. Desejamos controlar as nossas emoções e tememos não dominar os nossos sentimentos, quando receamos que os outros possam perceber as nossas fraquezas e emoções. Em outros casos, desejamos controlar a nossa vida, querendo nos prevenir em todos sentidos. Existem pessoas que se sentem impelidas a controlar o seu entorno e o seu próximo; tudo tem que estar claro, ordenado, sob controle, pois sentem medo que o controle da vida lhes escape. Por mais compreensível que isto possa ser, o anseio por segurança, a permanente pressão de ter tudo sob controle, nos suga e rapidamente nos sentimos sobrecarregados, pois continuamos a sentir medo de perder o controle. É uma lei psíquica que aquele que deseja controlar tudo, frequentemente perde o controle. A confiança nos alivia. O medo nos induz ao desejo de controlar cada vez mais as coisas ao invés de nos desapegarmos delas. O ditado atribuído a Lenin: "confiança é bom, controle melhor", não cria um clima descontraído entre as pessoas. Certamente, por vezes o controle das emoções é uma estratégia de sobrevivência. Acompanhei uma mulher que foi abusada sexualmente e, em função dessa experiência traumática, era importante para ela controlar os seus sentimentos, pois ela não queria ser abusada novamente. Por outro lado, sofria com o fato de se sentir compelida a controlar tudo, sentindo-se desconectada da fonte de seus sentimentos. A sua vida era cansativa; sentia-se exausta e vazia. Necessitou de muita paciência para aprender a ser mais desprendida e confiar na vida e, em última instância, em Deus. Desse modo reencontrou a vitalidade e o acesso aos seus sentimentos, o que possibilitou o renascimento de sua alegria de viver.

A *baixa autoestima* é igualmente perigosa. Quem carece de autoestima percebe os outros como uma ameaça. Conheço pessoas que construíram a duras penas um pouco de autoconfiança. Adquiriram certa segurança diante dos outros e sabem como se apresentar de modo seguro sem se colocar em questão o tempo inteiro. Mas, de repente, encontram pessoas que lhes roubam toda a sua energia. Parece que existem pessoas que conhecem o seu calcanhar de Aquiles e que sugam a sua energia através desse ponto frágil. Muitas vezes se perguntam por que razão se sentem tão frágeis justamente na companhia dessas pessoas. À medida que conhecemos melhor a sua história, percebemos que tal fato encontra-se conectado com o relacionamento que tiveram com sua mãe. Se a sua mãe não lhes passou um tipo de confiança mais essencial e, ao invés disso, criticava-as constantemente, a tendência de encontrarem mulheres com esse tipo de característica é bastante grande. Esses encontros ressecam rapidamente as suas fontes internas. É como se estas "mulheres-mães" tivessem um acesso secreto às suas fontes de energia, estabelecendo assim uma ligação clandestina da qual, muitas vezes, é quase impossível defender-se.

Existe um tipo bem específico de homens e mulheres que roubam a nossa energia. Uma mulher me contou que se sente cada vez mais fraca na presença de seu marido; parece que ele tem que provar a sua força à medida que rebaixa a sua mulher e isso a paralisa. Às vezes também somos sugados por homens depressivos. É como se eles conectassem uma mangueira em nosso ponto mais fraco e sugassem toda nossa energia. Por que nos sentimos mais fracos na presença de determinados homens ou mulheres? Por que estas pessoas adquirem tanto poder sobre nós? A única explicação possível é de que se trata de pessoas que não se permitem viver segundo suas próprias forças. Possuem um quê autodestrutivo, algo que as impede de viver. Sendo assim, não toleram que a vida brote nos outros. Durante as conversas, percebo que pessoas que se refugiam em um mundo idealizado, não admitindo a realidade, roubam a minha energia e tenho a impressão de estar falando com paredes. Essas pessoas transmitem algo indeterminado, pouco claro. Percebo que por trás de seus ideais existe um lado carente e necessitado, mas não consigo alcançá-lo. Normalmente vivencio esse tipo de conversa como especialmente cansativo, porque, muitas vezes, essas pessoas tocam um lado meu que também se nega a viver. Mesmo já tendo superado essa minha faceta destrutiva, o encontro com determinadas pessoas a reativa. Conscientizar-se dessas circunstâncias constitui um primeiro e importante passo em direção à cura.

Atualmente muitas pessoas sofrem da doença da *depressão*. Quando invadidas por ela, sentem-se sem ânimo, tudo se torna difícil, pesado e cansativo; sentem-se sem forças e a menor atividade lhes exige um esforço enorme. Sabem o quanto que lhes faz bem, por exemplo, passear na floresta, mas não se animam. Tudo parece estar paralisado; não sentem a menor vontade de fazer qualquer coisa. Gostariam de passar o dia inteiro na cama, mas isso também não as satisfaz. Outras já tentam confrontar a sua indisposição depressiva, forçando-se a fazer algo. Continuam a trabalhar como sempre, mas logo em seguida sentem-se completamente exaustas. Muitas vezes a depressão constitui um convite ao repouso e à busca da fonte interior, fonte esta que é mais forte que a vontade própria, a ambição e do que uma autoimagem associada apenas ao desempenho e à produtividade.

A depressão tem muitas causas: causas psíquicas e físicas; causas ligadas a circunstâncias da vida ou ao próprio psiquismo. Daniel Hell, psiquiatra suíço, afirma que em muitos casos a depressão constitui um grito de socorro diante de mudanças demasiadamente grandes ou da falta de raízes. O ser humano necessita de lugares onde possa criar raízes. A alma de quem se locomove constantemente e jamais repousa frequentemente reage a partir de um humor depressivo. Uma outra razão pode ser o esgotamento. Falamos, então, da depressão por esgotamento. A depressão também indica que ultrapassamos a nossa medida; não demos ouvidos aos sinais de nossa alma que recomendam repouso. Deste modo, a alma necessita gritar através da depressão para que enfim seja ouvida. Nesse sentido, a depressão também seria um convite ao repouso. Ela nos reconecta com as nossas fontes interiores que nos refrescam e alimentam.

Muitos consideram o *aborrecimento* o real poluidor de sua fonte interior. Durante as minhas palestras sobre as fontes turvas, que tantas vezes nos abastecem, a maioria das pessoas quer saber sobre a questão do aborrecimento. Trata-se de um sentimento provocado pelas mais diversas razões e que tem o potencial de amargar a nossa vida. As pessoas que falam sobre esta questão, normalmente, não gostam de se aborrecer; por outro lado, não sabem como defender-se porque estão demasiadamente abertos a serem dominados pelos outros. Não estão em contato consigo mesmos. Não protegem a sua fonte interior, pelo contrário, toleram que esta seja pisoteada e sujada. O aborrecimento polui a nossa fonte interior e, por vezes, nos desconecta totalmente da mesma. Passa a agir com tamanha força que determina todos os nossos pensamentos e sentimentos. Esse tipo de energia negativa paralisa a nossa energia como um todo, e ela deixa de fluir. Em alemão a palavra aborrecimento constitui o comparativo de "grave" que significa "terrível, mau, ruim". Além disso, porta os significados de "estar agitado e tremer"[1]. Quando estamos aborrecidos, permitimos que o outro adquira poder sobre nós e paralise-nos e determine. Devemos olhar para o aborrecimento e a sua razão, obtendo indícios de como nos afastar daquilo que nos sobrecarrega e ameaça nos dominar. Somente assim será possível nos conectarmos novamente com a fonte interior que flui para além do aborrecimento.

Modelos de vida destrutivos

Falei de determinadas emoções como medo, ambição, vício, perfeccionismo, depressão e aborrecimento. Modificá-las não depende apenas de nossa vontade, nem é possível fazê-lo de uma hora para outra, pois muitas vezes já se estabeleceram enquanto atitudes nossas, quer dizer, tornaram-se um modo de viver, do qual nos libertamos apenas quando procuramos por sua origem. Para tal, devemos primeiramente desvelar tais modelos de vida que se formam cedo, desde a nossa infância, através de experiências nossas ou mensagens verbais e não verbais, transmitidas repetidamente para nós. Essas "mensagens" se enraizaram cedo em nossas vidas e determinam o nosso comportamento diante de situações cotidianas. Não sabemos por que estamos reagindo de modo tão amedrontado ou depressivo ou por que algo nos esgota tanto. Devemos, conforme mencionado, encontrar os modelos rígidos que se escondem por trás de tais atitudes. Apenas assim podemos criar alguma distância em relação a eles e adquirir uma nova perspectiva e unidade.

---

1. A palavra alemã para aborrecimento é *Ärger*, que constitui o comparativo para *arg* [grave]. Além disso, Grün assinala para a raiz etimológica *ergh* de *Ärger*, da qual derivamos *erregt sein* e *beben* [estar agitado, tremer] [N.T.].

Algumas das atitudes relacionadas com a nossa história de vida provêm de um profundo sentimento de menos-valia. Quem é determinado por esse tipo de medo, sente-se constantemente sob pressão de provar o seu valor. Deseja fazê-lo trabalhando o máximo e da melhor forma possível, sem nunca errar. A consciência que se desenvolve a partir do medo conduz pessoas piedosas a quererem jamais falhar diante de Deus. Seguem os mandamentos de maneira especialmente cuidadosa. Esse tipo de postura também gera o sentimento de que precisamos ser cada vez mais eficientes com o intuito de nos sentirmos mais valorizados perante nós mesmos e perante os outros. Porém, quem se encontra determinado por esse tipo de medo pode trabalhar o quanto quiser e jamais irá ser valorizado do modo que deseja. Esforça-se e logo se sente sobrecarregado e esgotado. Quando crianças, muitos adultos aprenderam que precisam simplesmente "funcionar". O desempenho era o único modo de obter o afeto dos adultos, dos pais ou dos professores. Esta fixação no desempenho provocou uma total repressão de seus sentimentos. De início, isto pode ter sido proveitoso, pois desse modo era possível realizar o máximo possível. Mas alguma hora, quem sabe somente aos cinquenta anos, essas pessoas se sentem inteiramente desconectadas de seus sentimentos. O trabalho se torna cansativo; a pessoa "funciona", porém se sente desmotivada. As emoções são, conforme nos indica o significado da palavra (emoção vem de *emovere* – mover-se para fora), forças que nos movimentam. Pessoas emocionalmente desmotivadas necessitam realizar tudo a partir da razão e da vontade. Mas razão e vontade sem emoção comportam-se tal como um motor não lubrificado, que por isso se aquece.

Outro tipo de medo é o medo da própria culpabilidade e o sentimento profundamente enraizado de que só o fato de viver já significa culpa. Essas pessoas se desculpam o tempo inteiro quando pedem uma consulta; acham que se tornam culpados quando exigem algo de outras pessoas, "roubando-lhes assim o seu tempo". Não raro tentam pagar a sua suposta culpa exaurindo-se completamente em função dos outros. Assim, não ajudam aos outros pelo prazer de ajudar, e sim por estarem sob a pressão de se redimir de uma culpa. Esse tipo de postura interior provoca uma perda de sensibilidade em relação aos limites pessoais. Sentimentos de culpa não constituem uma boa motivação para as nossas ações porque eles nos exploram e impedem de nos alegrarmos com o que fazemos, levando-nos a acreditar que precisamos fazer cada vez mais. Sentimentos de culpa são insaciáveis e a sua dinâmica nos esgota. Estimulam-nos cada vez mais a nos esforçarmos para além de nossos limites no intuito de nos livrarmos desses sentimentos desagradáveis. Quem se sente marcado por esse medo básico encontra-se dilacerado por fortes sentimentos de culpa que lhe roubam toda energia tão logo faz alguma coisa que não vai ao encontro da imagem ideal que construiu de si.

Uma mulher não conseguia se perdoar de ter levado a sua mãe gravemente enferma e demente a um asilo. A morte da mãe também não dissolveu os seus sentimentos de culpa, ao contrário, ela desperta com sentimentos de culpa todo dia e à noite adormece recriminando-se. Não adianta argumentar de modo racional e dizer a ela que não existia outra solução, que os cuidados com a mãe teriam ultrapassado os seus limites. Esse tipo de raciocínio "ajuizado" não dissolve sentimentos de culpa dessa espécie. Eles poluem as nossas fontes ou então as ressecam por inteiro. Certamente não é nada fácil para uma pessoa infectada por tais sentimentos ultrapassar a culpa e alcançar o fundo de sua alma, de onde emerge a fonte clara que não se encontra infectada por recriminações, e sim, é límpida e nos presenteia com novas forças. Primeiramente necessita despedir-se da ilusão de que é possível passar a vida sem se sujar. Enquanto acredita ser possível viver sem se tornar culpado não consegue alcançar a sua fonte interior.

Uma mulher que ocupava um cargo de responsabilidade sentia-se exausta. Por isso passou uma temporada em um Spa para se recuperar. O retiro, no entanto, não adiantou nada. Voltou do Spa e continuou cansada. Durante as conversas do atendimento, tornou-se claro que um restabelecimento apenas físico não era suficiente, porque a razão de seu esgotamento encontrava-se na forma que vivia. Ela foi criada em uma pequena fazenda. Seu pai era um serviçal de seu próprio irmão, isto é, do tio da filha. O tio não tinha filhos e por isso sentia ciúmes do irmão. Essa mulher, agora adulta, era a mais velha de quatro filhos e sentia-se desde sempre sob pressão. Antes achava que tinha que viver de acordo com as expectativas de seu tio, isto é, empenhava-se em evitar brigas entre este e o seu pai. Era movida e sobrecarregada desde criança por dois receios: "Tomara que não aconteça nenhuma briga. Tomara que consiga realizar o que esperam de mim". É fácil imaginar que essas duas frases sobrecarregam qualquer pessoa responsável. Quem vive de acordo com esse princípio abastece-se de uma fonte turva. Quem se encontra em uma posição de dirigente sabe que precisa lidar com conflitos. Quando me desestabilizo com qualquer conflito, desperdiço muita energia. Assim me sinto exausto diante de qualquer conflito, pois não possuo forças para lidar com controvérsias. Existem pessoas que se sentem positivamente desafiadas por conflitos; gostam de resolvê-los. Divertem-se. Mas quem é marcado pelo modelo de vida acima mencionado sempre sentirá medo diante de tensões e antagonismos. Lembra-se da situação ameaçadora de sua infância. Uma criança quer se sentir segura e acolhida e os conflitos destroem o sentimento de segurança e a amedrontam. Quem se alimenta da fonte turva do medo quando precisa lidar com um conflito sempre se sentirá exausto. Não adianta sair de férias ou passar quatro semanas em um Spa. Preciso debruçar-me sobre os meus modelos de vida, para enfim despedir-me deles.

O segundo modelo de vida que sugava a energia da mulher era a pressão para atender todas as expectativas dos outros. Ninguém consegue satisfazer todo mundo, mas quando pressiono a mim mesmo a preencher todas as expectativas do meio que me circunda, com certeza me sentirei sobrecarregado. Às vezes se trata de expectativas reais de meu entorno; outras, apenas de expectativas imaginárias. Fantasio que preciso satisfazer a todos, mas, na realidade, nem sei o que os outros realmente querem de mim. Quando me fixo nas expectativas dos outros, caio na cilada de o tempo inteiro quebrar a cabeça sobre como atendê-los. Ando em círculos e, logo, logo, estarei tonto. Em última instância, o desejo do outro não é tão importante assim. Preciso sentir o que é adequado para mim, pois alcanço os meus recursos internos apenas quando estabeleço um contato comigo mesmo.

Outra mulher fixou-se desde cedo no padrão de perguntar o tempo inteiro: "O que eu fiz está certo?" Por trás dessa pergunta, no entanto, escondia-se outro tipo de insegurança: "Será que sou certa? Posso ser do jeito que sou?" Esse modelo de vida já lhe custou muita força. Precisa enfrentá-lo sempre e novamente para alcançar a fonte de sua força. A pergunta se ela mesma é "certa" torna-se um obstáculo no caminho em direção a sua fonte interior e inviabiliza o acesso à criatividade e à alegria de viver.

Há quatorze anos acompanho pessoas engajadas na direção espiritual que sofrem da síndrome de *burn out*. Muitas vezes a conversa gira em torno da razão pela qual tantas delas estão sobrecarregadas, pergunta esta que um terapeuta respondeu da seguinte maneira: "Quem dá muito também precisa de muito". Não devemos generalizar tal frase. No entanto, ela se refere a muitos diretores espirituais esgotados. Dão muito, pois precisam de muito. Intercedem pela comunidade, pois querem ser amados, desejam afeto, atenção e reconhecimento. Mas quem se doa com a intenção de obter reconhecimento e afeto jamais receberá o que espera. Dentro de pouco tempo sentir-se-á esgotado. Esse modelo de vida frequentemente se origina nas experiências de sua infância. Principalmente padres, ligados demasiadamente à mãe, correm o perigo de considerar a comunidade como um substituto da mãe. O padre sacrifica-se para a sua comunidade; gostaria de sentir-se em casa na comunidade, mas nenhuma paróquia pode se tornar o seu lar, pois ela e as pessoas concretas que dela fazem parte ficariam sobrecarregadas. As expectativas demasiadamente grandes do padre são, em última instância, as expectativas perante a mãe. Ele as projeta sobre a paróquia. Assim como deseja ser o bom menino para a mãe, ele quer ser o bom menino, o rapaz querido para a paróquia. Aspira ser reconhecido e amado por todos e, consequentemente, se sobrecarrega o tempo inteiro; a menor crítica já o deixa desconcertado, porque não deseja nada mais do que atender a todos e ser amado por estes.

Percebemos esse padrão também em empresas. Alguém fortemente ligado à mãe e que considera a empresa uma substituta desta está se abastecendo de uma fonte turva. Faz tudo pela empresa com o intuito de ser amado por todos. Possui, no entanto, a sensação de que o seu empenho jamais será suficiente e, simplesmente, não obtém aquilo que o seu coração deseja. Isso não depende muito de se a ligação excessiva com a mãe é fruto de uma preocupação maternal exagerada ou da ausência da mesma. O resultado será o mesmo. Desejamos que a empresa nos proporcione o mesmo afeto que a mãe ou então a consideramos um substituto para a falta do amor materno. As duas opções necessariamente causam um sentimento de sobrecarga.

Um homem relata que quando tinha apenas quatorze anos o casamento de seus pais era bastante frágil. A atmosfera tensa entre seus pais fez com que ele não ousasse expressar seus próprios sentimentos, porque não queria causar mais preocupações aos pais, pois estes já se encontravam imersos em seus problemas pessoais. Aprendeu, assim, a reprimir as suas necessidades. Quando adulto, passou a olhar para as necessidades de seus colegas de trabalho, tentando satisfazê-los sempre quando possível. Isto, porém, o conduziu ao colapso. Por isso passou a considerar as suas próprias necessidades e, pouco a pouco, percebeu que somente levando a sério a si e as suas necessidades, isto é, cuidando bem de si, seria capaz de desempenhar o seu papel enquanto líder, sem perder a força.

Uma professora empenhava-se de modo exemplar com os seus alunos, mas estava sempre exausta. Durante as nossas conversas interpretou tal fato dizendo que o seu Eros pedagógico a levava à exaustão. Quem, porém, realmente se deixa conduzir por Eros sente prazer em seu trabalho educativo. Quem sente prazer com o que faz não se exaure tão rapidamente, pois Eros é uma fonte que não seca facilmente. Após algumas consultas, tornou-se claro que por trás do Eros pedagógico ocultava-se algo de natureza bem diferente: a mulher era a mais jovem de três filhas, durante toda sua vida acreditava ter que provar algo para seu pai. A terapeuta suíça Julia Oncken alega que a pior ferida de uma filha é ser ignorada pelo pai. O medo de ser ferida leva a três padrões: a filha que deseja agradar ao pai e adivinha todos os seus desejos, a filha eficiente que procura provar o seu valor a partir de sua eficiência e a filha que contraria o pai, envolvendo o pai em complicadas discussões. A finalidade desses três modos de comportamento é atrair a atenção do pai. No entanto, o anseio da mulher que se empenha de todas as formas para ser vista pelo pai jamais será realmente atendido. Ela sempre excederá a sua própria força. A consequência é a exaustão.

A mulher de um pastor protestante me contou que a sua filha era do tipo que sempre contraria o pai. Chegou a se desligar da igreja para enfim ser vista pelo pai. Mas mesmo este passo não o mobilizou para cuidar de sua filha e com ela se confrontar. Não é de se admirar que ela continue profundamente infeliz. A sua atitude não foi desencadeada por um conflito moral ou teológico, e sim, pelo desejo de ser considerada pelo pai. Deste modo se afastou de seu próprio coração e deslocou toda sua força para o ato de contrariar. Assim, não lhe restou energia para lidar com a sua própria vida.

O tema de um de nossos cursos era a questão do caminho de cada um. Algumas participantes afirmaram ter encontrado a sua fonte interior, mas também falaram de seus bloqueios. Às vezes sentem a vida fluir dentro de si. Uma mulher muitas vezes se sente à vontade com seu trabalho, tudo lhe parece fácil. Nessas horas, porém, o pai se manifesta como uma voz interior, dizendo-lhe: "Você precisa concentrar-se em uma coisa só. A vida é fatigante. As coisas estão em ordem apenas quando você se cansa". Essa voz interior a impede de confiar em si mesma. Não se alegra mais por ter facilidade em trabalhar e coloca-se sob pressão acreditando que precisa fazer ainda algo que a canse no intuito de satisfazer a voz interior do pai. Não sabe como desfrutar da fluência da fonte interior, porque o pai interno sugere que podemos apenas desfrutar de algo quando nos cansamos suficientemente.

Outra mulher já sentiu, durante a faculdade, que teria sucesso. A ideia de desempenho a inspirava e descobriu em sua profissão a sua força, força essa que lhe possibilita resolver de modo rápido e efetivo as tarefas que precisa realizar enquanto advogada. Mas, ao mesmo tempo, sente-se bloqueada. A voz de sua avó lhe diz: "És uma menina e precisas ser boazinha. Deixe o sucesso com os homens. Precisas fazer aquilo que os outros não gostam de fazer. Tens que servir aos outros". Esta voz interior da avó a bloqueia e impede que confie em sua própria força. Apesar de esta mulher possuir muita energia, ela se sente frequentemente paralisada e impossibilitada. A energia não flui. A voz interior da avó inibe o fluxo de sua força, provocando um congestionamento interno cuja manutenção lhe exige muita força. Ao invés de deixar a sua força fluir, ela a utiliza para amortecer a sua energia. Nessas horas sente-se exausta e desanimada, porquanto gasta toda a sua força esforçando-se para construir uma represa.

Um homem relatou que sua mãe jamais foi capaz de desfrutar do belo. Quando o tempo estava bom, ela dizia que este logo mudaria. Quando alguém na família obtinha algum sucesso, argumentava que o preço seria alto. Ele iria descobrir que é preciso pagar pela felicidade. Essa visão pessimista da mãe freava o filho em todas as suas ações; não sabia como desfrutar de seu sucesso. Também ele esperava sempre, muito amedrontado, que algo não desse certo por alguma desgraça.

Os modelos de vida que assumimos de nossos pais enraízam-se profundamente em nosso ser. Mesmo quando os compreendemos racionalmente e abrimos mão dos mesmos de forma consciente, eles continuam atuando profundamente em nós, desconectando a nossa alma da fonte viva que brota em nosso interior.

Engrandecimento religioso

As pessoas tendem a conferir sentidos grandiosos a seus modos de comportamento. Não apenas a política encobre determinadas formas de ser que, na realidade, existem por outras razões, por meio de grandiosas ideologias. Mascarar as nossas fontes turvas a partir de uma atitude piedosa, engrandecer os nossos padrões de vida nocivos conferindo-lhes um significado religioso transcendente não é apenas problemático, e, sim, também, perigoso. Acreditamos que estamos nos alimentando de uma fonte espiritual, porém, na realidade, trata-se de uma fonte turva, da qual dificilmente brotará alguma bênção. Algumas pessoas têm dificuldade de lidar com conflitos, e eu mesmo já passei por essa experiência. A nossa família sempre conferiu bastante importância à harmonia. Isto, no entanto, fez com que os conflitos fossem varridos para debaixo do tapete. Desse modo senti, durante muito tempo, certa dificuldade em lidar com conflitos de modo adequado. Mesmo hoje este não é exatamente o meu ponto forte. Sei, no entanto, que continua sendo tarefa minha não me esquivar das tensões, e, sim, falar delas e procurar por uma solução em comum quando aparecem. Após a resolução de um conflito, sinto-me melhor, sinto um novo fluxo de energia. Quando, porém, adio o conflito, este me paralisa. Conheço muitas pessoas que não sabem lidar com conflitos e sou compreensivo com elas. Mas quando justificam a sua incapacidade de lidar com os mesmos a partir de sua inclinação cristã, reajo de modo enérgico. Sinto que engrandecem as suas fraquezas através de um discurso religioso, alegando que se trata de qualidades espirituais. É bastante comum ouvirmos a seguinte frase: "Jesus nos intima a carregarmos a nossa cruz". Aqueles que comparam o conflito com a cruz imposta por Jesus abusam, em última instância, de sua palavra para se esquivar do conflito. Reagem de modo passivo, oferecendo-se prontamente como vítima. No entanto, nessa condição de vítima, tornam-se simultaneamente agressores, pois à medida que se negam a encarar o conflito produzem mais agressividade no meio que os circunda. Ao invés de entrarem em contato com a fonte de sua força agressiva acabam tornando o outro agressivo. E, além disso, enxergam Jesus de modo equivocado. Usam-no com a finalidade de justificar o seu próprio comportamento. Jesus, por sua vez, foi crucificado por ter encarado o conflito difundindo, em oposição à opinião vigente dos saduceus, uma nova imagem de Deus. Quando expulsou os comerciantes do Templo, meteu-se com um grupo religioso poderoso. Carregar a cruz, segundo a concepção de Jesus, significaria encarar os conflitos. Quem iguala o ato de se esquivar da cruz não percebe o quanto está engrandecendo a sua fonte turva através da religião. Sendo assim, esta pessoa não transmitirá a bênção aos outros e a sua má compreensão do ato de carregar a cruz acirrará ainda mais os seus conflitos.

Conforme mencionado, existem também outros modos, além da religião, de engrandecer formas de comportamentos pessoais. Podemos igualmente ocultar a nossa incapacidade de lidar com conflitos por trás de ideologias. Em seu livro *Despedir-se do papel de vítima* Verena Kast demonstrou como algumas pessoas se acomodaram ao papel de vítima, tornando-se assim agressores. O seu sacrifício parece agressivo aos outros que acabam se tornando vítimas. Pascal Bruckner descreveu a mentalidade de vítima como uma marca típica de nossa sociedade. Muitos entre nós se sentem vítimas: os empresários se sentem vítimas da política; os empregados, vítimas dos empregadores; as mulheres, vítimas dos homens e os homens, vítimas das mulheres. Quem permanece no papel de vítima enxerga a culpa sempre no outro e recusa-se a assumir a responsabilidade por sua vida. Não contribui para a solução de seus problemas, permanecendo no seu papel de acusador, negando, em última instância, a vida.

Uma mulher se sacrificou totalmente por pessoas necessitadas. Em função disso sentia-se esgotada e fazia retiros para reabastecer a energia. De início, era muito difícil se aproximar dela. Quando lhe perguntava sobre a possibilidade de ela considerar os seus limites ou a respeito do porquê de ela se sacrificar de tal maneira para os outros, ela respondia apontando o desejo de Jesus: "Mas Jesus quer que eu esteja totalmente disponível para o outro". Naturalmente Jesus não deseja que giremos de modo narcisista em torno de nós mesmos, e, sim, que nos disponibilizemos para os outros, ajudando-os. Por outro lado, Jesus certamente não deseja que esse comportamento nos engula. Ele convidou os seus discípulos para que o acompanhassem na solidão e encontrassem a paz. Quando realmente cumprimos o seu desejo, isso nos faz bem; o empenho pelo outro nos faz sentir vivos. Naturalmente também chegamos aos nossos limites e nos cansamos. Porém, quando o esgotamento é constante, isso indica que por trás de nossas nobres intenções encontra-se um outro modelo. Somente após algumas conversas a mulher admitiu que sempre tivera a sensação de que não havia lugar para ela neste mundo. Não encontrou um lugar na família. Deste modo buscava por um lugar sacrificando-se para os outros. Não é de se admirar que ela não "funcionava".

Sempre quando nos sentimos esgotados devemos questionar-nos se existe algum padrão de vida doentio por trás de nossas ações. Pode ser um tanto doloroso reconhecer que não são os meus elevados ideais que me esgotam, e, sim, que a idealização dos meus padrões de vida doentios bloqueia a minha fonte interior. Naturalmente, é mais fácil engrandecer o meu esgotamento a partir da religião ou da ideologia, pois deste modo o valorizo diante de mim e dos outros. Bem mais difícil seria encarar os reais motivos e as necessidades que se ocultam por trás desse engrandecimento. O autorreconhecimento é sempre doloroso; no entanto, também nos liberta. Convida-me a descobrir as necessidades que se encontram sob o disfarce de todas estas idealizações, e, deste modo, alcanço a fonte inesgotável que se encontra em mim.

Outra razão para o esgotamento seria o excesso de energia investida para reprimir nossas facetas menos agradáveis. C.G. Jung fala da sombra. Quem bane muitos aspectos de sua existência humana para a sombra carecerá deles na realização de sua vida, pois consegue usufruir apenas parcialmente da força motriz de sua vida. Grande parte é bloqueada através da repressão. Encontro muitas pessoas esgotadas que sentem medo de olhar para a sua própria realidade. Os nossos lados mais sombrios representam importantes portadores de energia. Representam o solo fértil, onde a nossa vida pode brotar. Quem elimina a sombra se separa de uma importante fonte de vida.

Durante uma conversa sobre o tema "Estar esgotado e a sobrecarga do sacerdote" um dos relatores responsáveis pelos diretores espirituais de uma diocese relatou o que um bispo disse durante a sua ordenação: "O padre deve estar disponível para ser prensado pelos os seres humanos assim como chucrute". Essa "teologia do chucrute" encontra-se na cabeça de vários padres, que seguem esse padrão até se exaurirem por completo. Quem acredita que existe apenas em função do outro, ignorando suas próprias necessidades, alimenta-se de uma fonte turva. Apesar de seu aspecto claro, ela não procede do espírito de Jesus, e, sim, da falta de espírito de uma teologia desumana e em última instância agressiva. Amassar, prensar as próprias necessidades é a expressão de uma forte agressão que se volta contra nós mesmos. Mas esse tipo de autoagressão não gera bênção, mas endurecimento.

Muitas vezes a fonte da agressão é soterrada por ideias religiosas. A agressividade pertence, ao lado da sexualidade, às mais importantes energias vitais. A má compreensão da ascese cristã, no entanto, faz com que negligenciemos esta fonte. A agressividade é a força que nos faz agarrar as coisas e colocar algo em movimento. A palavra agressividade vem de "agrade = movimentar-se em direção a, assumir algo". Constitui uma importante fonte de energia para cada um de nós e, na ausência dela, nos tornamos agressivos ou então a nossa vida perde sua força. Muitas pessoas temem a agressividade, porque ela tem a ver com luta e preferimos alcançar o objetivo de nossa vida sem batalhas. O medo da agressividade não raro revela o medo diante da vida e dos confrontos que ela acarreta. Esquivamo-nos da vida enquanto luta, preferindo assumir o lugar de espectador.

Um homem foi forçado a abrir mão de toda sua teimosia quando menino. Deste modo, aprendeu a reprimir durante sua vida a agressividade por completo. Desde criança sentia que era inútil fazer uso de sua teimosia diante de seu pai e, por isso, adaptou-se. Para que não se sentisse como perdedor, interpretou a sua falta de agressividade, segundo uma visão religiosa. Significou-a como ausência de violência, no sentido do Sermão da Montanha. Aos 40 anos, porém, ficou depressivo. A fonte da agressividade lhe fazia falta. Para que se animasse novamente com o seu trabalho, tinha que entrar em contato com sua força agressiva. A experiência revela que aquele que não se abastece de modo saudável da fonte da agressividade acabará usando a agressividade que nele se encontra enraizada contra si.

Outros já interpretam sua incapacidade de se impor conforme o ditado: "O mais sensato cederá". Não se trata de uma total inverdade. No entanto, quando escondo a minha incapacidade de articular as minhas próprias necessidades cedendo constantemente, não alcançarei clareza e a sua falta desencadeia agressividade. O mesmo ocorre no caso da insistência de se estar sempre em harmonia com os outros. Certamente devemos valorizar a pessoa que busca harmonia. Ela se empenha para que as pessoas convivam bem umas com as outras. Mas quando a minha busca de constante harmonia leva a uma postura que desconsidera ou reprime qualquer conflito, ninguém será beneficiado. Algumas pessoas expressam a sua necessidade de harmonia repreendendo aqueles que defendem opiniões diversas das suas. Fazem com que se sintam culpados e mal percebem o quanto exercem o seu poder sobre os outros, pois consideram a sua opinião a única válida.

Nem sempre é fácil perceber se uma ideia religiosa é autêntica ou se é apenas uma ideologia para camuflar fontes turvas. Eu pessoalmente considero, por exemplo, a renúncia ao casamento um valor importante. Existem, no entanto, religiosos que engrandecem a sua incapacidade de se relacionar verdadeiramente, através da ideia do celibato. A diferença entre a renúncia ao casamento como engrandecimento religioso ou a renúncia enquanto caminho espiritual autêntico pode ser percebida a partir da influência que tal atitude exerce sobre a psique da pessoa e o meio que a circunda. Quem renuncia ao casamento de forma harmoniosa, de acordo com os seus sentimentos, vivenciará esta renúncia como algo fértil. Sentir-se-á vivo e a sua vida se tornará igualmente uma bênção para os outros. Mas quando apresento a minha incapacidade para o relacionamento humano e a amizade, lançando mão do carisma da renúncia ao casamento, a minha vida tornar-se-á rígida e não beneficiará ninguém, porquanto falsearei a mensagem de Jesus através de minhas necessidades reprimidas; satisfarei a minha vaidade proclamando a mensagem de Jesus; gozarei de minha ânsia de poder provocando sentimentos de culpa no outro. Eu considero a meditação um caminho importante através do qual entro em contato com a minha fonte interior. Conheço, no entanto, pessoas que meditam para se esquivar da vida. Refugiam-se na meditação, pois são incapazes de se entregar ao outro. Engrandecem essa dificuldade a partir da espiritualidade. Consideram-se especiais e mal percebem que a meditação não as conduz para a vida e sim para o isolamento. Compreendem, todavia, este isolamento como o lugar onde podem vivenciar a sua espiritualidade. Mas estas pessoas não irradiam nenhuma força, pois quando meditam giram, em última instância, apenas ao redor de si mesmas. Não utilizam a sua fonte interior com a finalidade de se tornarem mais presentes para os outros, nem para se entregarem ao trabalho. Todos os caminhos espirituais correm o perigo de serem mal-usados. Na tradição cristã, a ideia do sacrifício ocupa um lugar importante. A minha mãe idosa sacrificou a sua doença para os filhos e netos e isso lhe fazia bem. Ajudou-a a suportar a sua doença através de uma alegria interior ao invés de reclamar constantemente. Quando, porém, o sacrifício perde as suas proporções mais saudáveis, ele se torna uma acusação: "Sacrifico-me por você e você é tão ingrato". Desse modo, o sacrifício provocará sentimentos de culpa no outro e exercerá poder sobre ele. Na realidade, sacrificar-se significa entregar-se. Mas, quando o sacrifício exerce poder sobre o outro, não se trata de entrega, e, sim, de um meio de prender o outro e fazer com que ele se sinta responsável. O sacrifício acaba nascendo de uma fonte turva, provocando falta de clareza e confusão em seu entorno.

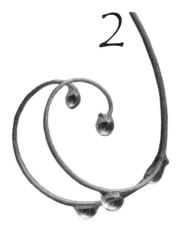

Fontes claras

Ansiamos em nossas vidas por algo que nos dê força, frescor e nova clareza e a ânsia pela fonte clara é a ânsia pela fluidez de nossa vida. O fluxo é sempre sinal de vivacidade. Este se encontra vivo quando nos entregamos ao trabalho e às pessoas, esquecendo de nós mesmos durante o trabalho. Não importa o que os outros pensam de nós ou como eles avaliam o nosso trabalho. Realizamo-nos naquilo que fazemos. A nossa energia flui para o trabalho. Quem trabalha movido por esse *sentimento flow*, trabalha melhor do que aquele que precisa forçar-se para ser eficiente. São Bento já partilhava desta visão. Em sua *regula* ele exige que os artesões do mosteiro exerçam a sua profissão com humildade (Regra beneditina 57,1). Atualmente, isso nos soa como uma língua estrangeira. O que São Bento quer dizer é que os artesões não deveriam associar segundas intenções ao seu trabalho. Não devem desejar colocar-se acima dos outros ou trabalhar para saciar a sua sede de sucesso ou mérito. Humildade significa estar totalmente concentrado em seu trabalho, isto é, devo estar em contato com aquilo que faço, esquecer de mim e de minhas intenções secundárias.

Ao nascer, todos nós já trazemos fontes, das quais podemos nos abastecer. Além disso, possuímos recursos em função da história de vida de nossos pais, educadores, amigos e parentes e de nossas próprias experiências que se encontram em nosso corpo e nossa alma, prontos para serem acessados. Não são apenas um presente de nossos pais. São também um presente de Deus. Revelam-se a partir de nosso caráter e de nosso ser.

A psicologia atual não se contenta em sarar as feridas da infância. Pelo contrário, procura colocar as pessoas em contato com os seus próprios recursos. Toda pessoa possui fontes interiores das quais pode se abastecer. Existem dois caminhos diferentes para alcançá-las. Podemos aplicar também aqui a seguinte imagem: quem apenas cava na superfície alcançará a água superficial e não a fonte interior. Teremos que cavar mais fundo para encontrarmos, em nós, uma fonte que não seca tão facilmente, que se encontra enterrada em nosso ser, em nossa base mais profunda. Nem sempre o acesso é tão difícil assim.

Conectando-nos com a nossa infância

Encontro a minha fonte pessoal quando pergunto: De onde obtinha a minha força quando criança? Em que lugar a minha energia fluía mais? De que brincava por horas sem me cansar? Ao me lembrar desse tipo de situação sou tocado por minha força pessoal. Algumas pessoas acreditam que crianças apenas imitam aquilo que os pais lhes mostram, porém toda mãe e todo pai sabe que cada criança é única. Toda criança já traz algo único com o seu nascimento; possui um modo especial de sorrir, de se mover e de reagir quando recebe atenção. E, à medida que vai crescendo, desenvolve as próprias estratégias de se recolher e de cuidar de si. Cada criança brinca a sua maneira. Uma esquece o mundo observando besouros; outra brinca com pedrinhas que encontra pelo caminho e, deste modo, desenvolve a sua imaginação. Entramos em contato com o nosso coração quando nos deparamos com formas de comportamento que também nos eram típicas. Descobrimos o nosso ser original e encontramos uma fonte da qual poderíamos nos abastecer ainda hoje. Ao reconhecermos essa fonte impessoal, e à medida que nos abastecemos dela, sentimos o quanto as coisas são fáceis, o quanto tudo flui. Sempre quando tentamos forçar algo agindo de fora para dentro, isso nos exige força. A fonte pessoal, no entanto, nos doa força.

Durante um curso para diretores de escolas convidei os participantes a procurarem por sua fonte interior, a se perguntarem do que gostavam mais de brincar quando eram crianças. Um homem contou que se recolhia durante horas no sótão construindo um mundo seu a partir da brincadeira. Criava as suas leis e inventava as regras do jogo. Ao comparar isso com a sua atividade de diretor escolar percebeu: "Enquanto diretor, gosto de construir um mundo próprio, um mundo humano, no qual os alunos gostam de viver. Construo uma cultura própria de convivência com os meus colegas e minhas colegas. Crio um clima que faz bem às pessoas. Ao invés de reclamar constantemente sobre a quantidade de regras novas estabelecidas pelo Ministério da Cultura, invisto na construção do mundo de minha escola. Não permito que os burocratas do ministério me paralisem, e, sim, trabalho a partir de minha própria fonte interior". Sentiu de repente que essa imagem o fortalecia e sentiu-se novamente animado para investir em seu trabalho.

Uma diretora de escola relatou que adorava jogar queimado e que quando jogava com os outros se esquecia do tempo. Ao refletirmos sobre o que isso representava em sua vida atual ela descobriu o seguinte: "O meu modo de coordenar a escola é passar a bola para o outro e vice-versa". Além disso, jamais teve a intenção de coordenar a escola copiando colegas masculinos, isto é, resolver tudo segundo procedimentos diretivos ou autoritários, de cima para baixo. Ao contrário, encontrava a sua força à medida que permitia que a bola pulasse de lá para cá, de si para os seus colegas. Sabia passar tarefas adiante, não achava que tinha que resolver tudo sozinha e, desse modo, mantinha o jogo vivo. O seu estilo de coordenação era incluir os colegas e as colegas, mas também os seus alunos e suas alunas no jogo, para que todos participassem, alegrando-se com o jogo. Essa imagem e a lembrança de sua infância revelavam as suas próprias capacidades. Assim, reconheceu um modo muito particular de realizar as suas tarefas. Apesar de os vários conceitos de coordenação que aprendeu durante a sua formação serem interessantes, sempre teve a impressão de que era cansativo considerar todos eles. Entrou em contato com sua própria fonte a partir do momento que se tornou consciente de seu estilo de coordenação. E deste modo tornou-se claro que poderia abastecer-se dela, sem que se cansasse o tempo inteiro, sem sentir a sua tarefa como algo fatigoso.

Outro diretor de escola, que foi criado em um sítio, relatou que gostava de trabalhar na natureza desde criança. Ilustrou a sua atual tarefa enquanto pedagogo a partir da imagem do cuidar e do nutrir, pois não acredita que a tarefa principal do professor seja o ato de ensinar e de aumentar o saber dos alunos, e, sim, estimular o crescimento dos mesmos. Lidamos de modo cuidadoso com plantas e animais, e a pedagogia também deve promover o desenvolvimento das crianças. A imagem de regar, remexer e adubar a terra e a necessidade de podar as plantas para que elas cresçam novamente, tornou-se um símbolo evidente de sua atividade atual. Antigamente queixava-se com frequência de que estava se transformando gradativamente em um administrador e burocrata. Agora, no entanto, entrava novamente em contato com a sua própria fonte. É óbvio que ele não pode simplesmente desconsiderar a realidade externa da atual situação escolar. Mas, ao invés de permitir que as obrigações externas o paralisassem, voltou a abastecer-se de sua fonte pessoal. Passou a sentir prazer com o trabalho escolar.

Uma mulher recordou que costumava dedicar-se pacientemente aos cuidados de animais feridos. Percebia, assim, que tinha talento para ajudar pessoas doentes e sentia-se profundamente impelida para o trabalho terapêutico. Agora, porém, libertava-se da pressão de ter que encontrar sempre a melhor medida pedagógica para as pessoas. À medida que mergulhava em suas lembranças, voltava a sentir a paciência e o amor com que cuidava de animais feridos. Subitamente conseguiu enxergar os seus pacientes com outros olhos, voltando-se para eles com esperança e fôlego.

Um homem gostava muito de ler quando criança. Dizia que continuava gostando de ler. Tratava-se de algo que manteve de sua infância. Durante a conversa, porém, tornou-se claro o que a leitura realmente significava para ele. Considerava importante ter empatia com o outro, colocar-se no lugar deste. Quando relatou tal fato, reconheceu que era esta a sua real tarefa atual. Isto se tornou uma imagem positiva para o seu trabalho enquanto bancário: "Tento ter empatia com as pessoas. Ao invés de me aborrecer porque nem sempre consigo fazer valer as minhas próprias soluções, respiro e tento compreender aqueles que são diferentes de mim. O mesmo ocorre durante a leitura. Leio a biografia de pessoas, pessoas que foram confiadas a mim. Procuro me colocar no lugar delas e compreendê-las. Isto é sempre interessante". Esta postura o libertou da pressão de impor a sua opinião. Tornou-o mais criativo ao procurar por soluções reais.

Uma mulher relatou que gostava de brincar com bonecas quando criança. Sempre dava grande importância para o bem-estar destas. Acabou tornando-se educadora. A imagem que se tornou uma fonte fértil era a de transmitir para as crianças que a vida é bela, que tem muitas coisas belas a serem vistas neste mundo. Alegrava-se em despertar nas crianças o sentido desta dimensão da realidade. Em casa, sentia prazer de cuidar de seu apartamento. Na filosofia de Platão a beleza é uma expressão da existência. Toda existência é verdadeira, bela e bonita. Participo da existência através da beleza. Assim sinto a mim mesmo e experimento vida e força. Em última instância, faço parte da existência de Deus através da beleza. A experiência do belo torna-se fonte de vida e alegria.

Todas estas histórias provam o quanto as nossas próprias fontes nos protegem diante da possibilidade de nos enfiarmos em um colete, forçando-nos a fazer um trabalho que suga as nossas forças. Somos capazes de trabalhar bem e bastante quando nos abastecemos de nossas fontes interiores e límpidas. Trabalhamos com alegria e energia. A nossa fonte pessoal transmite frescor para o nosso corpo e nossa alma e permite termos êxito naquilo que fazemos. Quando encaramos o nosso trabalho, segundo este tipo de postura interior, este se tornará mais eficiente do que quando nos esforçamos demasiadamente. Ao resgatarmos de nossa infância aquelas situações durante as quais nos esquecíamos de nós mesmos, nas quais tínhamos uma sensação de total absorção por aquilo que fazíamos, descobrimos o que nos é importante e em que lugar em nós a nossa energia flui.

É possível perceber no presente em que lugar estou em contato com a minha fonte pessoal e onde as coisas fluem de modo natural e espontâneo. É importante que as coisas fluam em mim, pois assim estarei próximo da fonte que Deus depositou em mim e em meu ser.

Perigos internos

Sabemos que cada um de nós possui uma fonte clara dentro de si, na qual é possível abastecer-se. Muitas vezes, no entanto, nega-se o acesso a ela, ou, então, sentimos a fonte, mas logo que bebemos dela determinados padrões pessoais de vida ressurgem para impedir-nos de nos abastecer da mesma. Durante um curso intitulado "Encontre o caminho de sua vida" cheguei a conversar com vários participantes masculinos e femininos. Durante um exercício no qual os participantes deviam imaginar situações de sua infância pessoal nas quais esqueciam de si e a sua energia fluía, sem dúvida, muitos encontraram fontes interiores repletas de vivacidade. Porém, revelou-se também que as fontes muitas vezes encontravam-se encobertas por outras mensagens. As crianças deveriam atender as expectativas dos pais, pois alguns destes se assustavam com a peculiaridade de seus filhos. Estes deveriam fazer algo mais razoável do que brincar horas a fio, e, quando criavam algo a partir de sua criatividade, os pais debochavam. Por isso, muitas crianças deixaram de confiar em sua fonte interior, adaptando-se assim gradativamente aos ideais dos pais e bloqueando a sua própria energia vital. Sobreviveram. No entanto, nada mais fluía dentro deles. Às vezes a fonte original se manifestava e, neste momento, sentiam mais prazer naquilo que faziam. Imediatamente, porém, o superego se manifestava e os proibia de confiarem em seus sentimentos. Deveriam trabalhar com a cabeça. Deveriam refletir sobre a razoabilidade das coisas e como ganhar dinheiro. Com o passar do tempo, esse tipo de mensagem sufocou muitos de seus impulsos. Este "colete normatizador" representa um perigo para as nossas fontes claras interiores.

Conferir um excesso de poder ao outro também pode ser perigoso. Não estamos em contato com nós mesmos, mas sim permitimos que o outro nos determine. Um exemplo clássico: uma mulher relatou que não consegue ser ela mesma quando está perto de uma determinada colega. Fixa-se nessa mulher durante o trabalho e deseja agradá-la o tempo todo. Esquece-se de sua própria força, e a vida torna-se fatigante e cansativa. Permite que a bloqueiem e afasta-se tanto de si, que a simples proximidade dessa mulher a faz perder o equilíbrio. Não consegue mais sentir a si mesma e a sua própria vitalidade parece estar soterrada.

Durante a conversa com os participantes de um curso perguntamos o que os desconecta de suas fontes interiores. Um deles respondeu que considerava fatigante debruçar-se sobre o relacionamento interpessoal. Era capaz de resolver o trabalho externo a partir de sua fonte interior sem se exaurir, mas ficava completamente exausto, quando se sentia responsável por outros, principalmente quando passava o dia em reunião. Quando me sinto responsável sou incapaz de me distanciar suficientemente de problemas alheios, principalmente quando a conversa com o outro não resulta em nenhuma solução, e, sim, apenas aguça o problema. À medida que essa experiência se repete devo questionar-me por que certas conversas com determinadas pessoas me sugam tanto. Quais as minhas expectativas em relação à conversa? Que tipo de energia o outro irradia? Será que não consigo aceitar as minhas fronteiras? Ou será que deveria refletir sobre a possibilidade de mudar de postura quando se trata de responsabilidades minhas? A atitude correta seria admitir que não consegui resolver os problemas, mas seria errado dizer "não é problema meu", pois amanhã reencontro essas pessoas e os seus problemas não resolvidos. É muito mais o meu dever despedir-me dos meus ideais exagerados. Não preciso resolver todos os problemas. É possível viver com problemas não resolvidos. Quem sabe a minha necessidade de harmonia é descabida. Devo me permitir pensar que no próximo dia irei lidar com situações repletas de tensão. Ao conceder-me esse direito, a situação em questão e a tensão que a envolve não irão sugar as minhas forças. Quem sabe será possível enxergar as coisas de outra forma no dia seguinte. Descobrirei alguma solução. Criar uma distância saudável em relação à própria responsabilidade, sem com isso negá-la, é sempre um empreendimento muito delicado. Apenas quando consigo afastar-me de minha responsabilidade sou capaz de debruçar-me sobre o relacionamento interpessoal, sem destruir toda a minha energia. Ao contrário, estou em contato com a minha fonte interior no meio de problemas não solucionados.

Sempre quando profiro palestras sobre as fontes interiores as pessoas me perguntam: "Como entrar em contato com a minha fonte quando as preocupações em relação aos meus filhos, que escolhem caminhos tão diferentes, me sugam?" Ou: "Como viver de minha fonte interior quando me sinto arrasado pelo medo ou sufocado pela depressão?" Muitas pessoas encontram-se afligidas por problemas externos a ponto de se permitirem serem expulsas de seu próprio centro. Acreditam ter que lutar com todas as suas forças contra as situações que lhes assolam. Para tal necessitam de muita força. Assim como o coelho que crava os olhos na cobra. Ele poderia muito bem escapar da cobra, pois é bem mais veloz do que esta. O olhar fixo, porém, lhe rouba toda energia e paralisa qualquer tipo de ação. O mesmo ocorre com pessoas que olham demasiada e exclusivamente para aquilo que ocorre externamente, esquecendo-se de sua fonte interior. Por isso é de grande importância estar consigo mesmo, principalmente quando se trata de dificuldades externas, pois nesses casos depende de como nos relacionamos com nós mesmos e se sentimos o nosso próprio centro. Existem métodos simples que nos auxiliam nesse empreendimento. Um deles pode ser colocar a mão na barriga, imaginando: "A minha fonte se encontra aqui. Sinto força, criatividade e imaginação. Posso confiar em mim". A solução está em mim. Posso continuar perguntando: "O que surge em mim quando estou em contato comigo mesmo? Que tipo de ideia vem à tona?"

Naturalmente, não posso simplesmente deixar de lado as preocupações em relação a meus filhos. Estas me acompanham. Mas sou eu que decido quanto poder concedo a elas. Posso optar entre torturar-me com as preocupações ou entregá-las a Deus. Reencontrarei a minha fonte à medida que olho para Deus. A famosa canção de Georg Neumark *Wer nur den lieben Gott lässt walten* [Se deixares que Deus te guie] nos diz: "De que nos servem os anseios, incessantes lamúrias e suspiros? De que nos serve lamentarmos a cada manhã a nossa desventura?" O poeta responde aconselhando: "Cante, reze e não te desvies de seus caminhos, cumprindo lealmente a sua tarefa; confie nas bênçãos dos céus, que assim se realizarão. Deus ouve as súplicas dos necessitados, das almas que verdadeiramente nele confiam". Uma canção assim também nos ajuda a nos distanciarmos de nossas preocupações, reencontrando, deste modo, a nossa fonte interior.

Jesus indica como reagir quando somos importunados por alguma ocorrência externa. Por exemplo: quando os fariseus lhe trouxeram uma mulher apanhada em adultério, sentiu-se ameaçado, pois sabia que suas palavras poderiam ser usadas contra Ele. Tinha, porém, consciência de que iria perder caso seguisse as regras do jogo dos fariseus. Desviou-se. Agachou-se e começou a escrever com o dedo na areia. Era esse o seu modo de entrar em contato com a sua fonte interior no meio de uma situação tensa. Levantou-se de repente e disse àqueles que estavam ao seu redor: "Quem de vós estiver sem pecado, seja o primeiro a lhe atirar uma pedra" (Jo 8,7). Essa frase desarmou os fariseus. Retiraram-se um por um. Jesus desviou-se das regras do jogo dos outros. Deteve-se, encontrando assim o seu centro. Sentiu uma solução criativa brotar de seu centro. Considero a reação de Jesus exemplar. Ao invés de fixar-me nos outros, quebrando a cabeça sobre como atender às suas expectativas ou como reagir de modo razoável diante de seus ataques, devo primeiramente deter-me e sentir a mim mesmo. À medida que me conecto com o meu centro, descubro soluções que provêm de minha fonte interior e não das reações dos outros.

Caminhos que nos conduzem aos nossos recursos

O modelo clássico da psicoterapia caracteriza-se principalmente pela análise de problemas. Considero o fato de atualmente muitos terapeutas abrirem mão de se concentrar apenas nos problemas e na elaboração destes, tentando, ao invés disso, descobrir quando o cliente "está de bem com a vida" e em que situações consegue resolver melhor os seus problemas, sentindo-se bem e disposto, uma mudança significativa. O cliente deve abastecer-se de sua própria fonte para enfrentar a vida. Naturalmente, as feridas do passado sempre ressurgem e não devem ser reprimidas. O terapeuta, porém, deve libertar-se da pressão e trabalhar todas as feridas do cliente. Às vezes é mais simples e também mais eficiente auxiliar o cliente na procura de seus próprios recursos, pois assim ele encontrará caminhos para enfrentar a vida. Existem modos variados de realizar tal empreendimento.

A força da imaginação

A imaginação constitui um caminho importante para alcançarmos os nossos recursos pessoais. Todos nós temos a possibilidade de imaginar determinadas situações ou posturas interiores. O dom da imaginação nos liberta do domínio do mundo externo no qual fomos inseridos. Podemos esboçar um mundo próprio através da imaginação. Encontrei diversas vezes pessoas que fizeram uso de sua fantasia para construírem um mundo próprio durante a sua infância nada fácil. Naturalmente esse tipo de realidade paralela também pode tornar-se uma fuga da realidade. Por vezes, no entanto, a realidade presente aflige a criança de tal maneira, que não há outra solução. Um homem me contou que entrava por inteiro por baixo do cobertor e iluminava este mundo interno com uma lanterna. Entregava-se a sua imaginação. Inventava sempre um amigo que o acompanhava e construía algo novo com ele. Era uma forma de não se desesperar com o mundo externo. Mais tarde, a sua imaginação o levou a abrir um negócio com outras pessoas, construindo assim, de modo mais consistente, o seu próprio mundo.

A médica e terapeuta Luise Reddeman gostava de trabalhar com o dom da imaginação durante seus seminários de sonhos. Em uma palestra sobre a orientação de recursos durante a terapia do sonho ela cita a poesia de J.R. Jimenez, na qual o poeta faz uso de sua capacidade de inventar e criar para se opor a uma visão de mundo negativa, superando, assim, o mundo externo ameaçador.

> O que me importa a aridez do sol?
> Crio a fonte azul em meu interior.
>
> Neve ou luz – o que me importa?
> Em meu coração crio a forja em brasas.
>
> O que me importa o amor humano?
> Crio a eternidade do amor em minha alma.

Esse poema deixa claro o que significa entrar em contato com a nossa fonte interior Posso criar um mundo próprio para mim através da força da minha imaginação. E ele pode ser tão verdadeiro e efetivo como o mundo externo. Existem pessoas que reclamam constantemente de sua solidão e que acreditam que o êxito de suas vidas depende do afeto dos outros. Jimenez nos indica um outro caminho. Em minha alma posso criar um lugar de eternidade para o amor. Isto significa não me fixar na falta de amor da qual sofro. Não procuro o outro com a intenção de obter o seu amor. Posso, porém, imaginar que existe dentro de mim uma fonte de amor divino que jamais seca, jamais termina, que é eterna. Essa ideia me liberta do estado imóvel, durante o qual me fixo no fato de não estar experimentando o amor.

Segundo Luise Reddeman a capacidade de acessar as fontes internas através da imaginação é bastante antiga. Deste modo, os alunos do filósofo grego Epicuro, professor dos caminhos para a felicidade, "movimentavam-se através de sua imaginação em direção a um ponto de vista externo a sua própria existência, tornando-se assim conscientes da minimidade de suas preocupações e necessidades quando olhadas de longe". Atualmente essa "arte" não é tão diferente assim. Podemos imaginar que estamos no topo de uma montanha ou que estamos voando em um avião olhando para a nossa vida. Desta forma muitas das coisas que a princípio nos preocupam excessivamente tornam-se mais relativas.

O poeta romano Ovídio já nos aconselhava, de modo semelhante, na época de Jesus: "Alegra-nos medir a imensidão da cúpula celeste, alegra-nos deixar a terra e seu pouso inerte, cavalgar nas nuvens, apoiar-nos nos fortes ombros de Atlas, olhar de longe para os seres humanos, que vagam por todos os lugares". Este tipo de imagens – a psicologia as chama de visualizações – nos aproxima de nossas fontes internas de força, calma, serenidade e paz interior. As pesquisas mais recentes sobre o cérebro constataram "que a viva visualização ativa as mesmas células que o ato em si". Luise Reddeman aponta para tal fato, ilustrando, a partir do exemplo da saltadora Laura Wilkinson, que tipos de forças a imaginação é capaz de libertar. Durante os preparativos para os jogos olímpicos de 2000, Wilkinson quebrou três dedos do pé. Em função disso não podia treinar e pular na água. E o que ela fez? Sentava-se diariamente, durante algumas horas, no trampolim, e imaginava os saltos em todos os seus detalhes. Ganhou a medalha de ouro.

Os psicoterapeutas nos aconselham a perguntarmos para nós mesmos onde nos sentimos bem. Em seguida, devemos transportar-nos para dentro destas situações. Desta forma, vamos ao encontro do potencial de possibilidades e energias que se encontram guardados em nós. Ao invés de falarmos apenas sobre os nossos problemas, concentrando-nos em nossos sofrimentos e fraquezas, eles nos motivam para considerarmos aquilo que fazemos bem, onde percebemos as nossas capacidades e facilidades. Estimulam-nos a entrarmos em contato com as nossas possibilidades e capacidades. Cada um de nós possui os seus pontos fortes. Muitas vezes, porém, estes passam despercebidos por nós, pois nos fixamos apenas em nossas fraquezas.

Reminiscência

A reminiscência representa, ao lado da força da imaginação, uma fonte importante da qual podemos nos abastecer. Os gregos conhecem nove musas que nos iniciam na arte de uma vida saudável. A mãe das musas é Mnemosine – a memória. Parece que os gregos perceberam que a memória representa um grande auxílio no caminho para uma vida com êxito. Eles nos alertam para não bebermos da fonte de Lethes, do esquecimento, e nos conduzem à fonte da vida da reminiscência. Cícero nos lembra do que os gregos diziam uns aos outros, com a finalidade de se consolarem. "Lembre-se de que você nasceu humano". Dever-se-iam lembrar de sua origem mais elevada, de Deus. Tomar consciência de tal fato cura feridas. Santo Agostinho descreveu a reminiscência como o lugar mais importante da experiência divina. O ser humano encontra Deus no interior de sua alma. E este lhe é mais interior do que ele mesmo. Segundo Agostinho o ser humano lembra-se através da "memória" de sua origem e da fonte de sua vida (R. Körner). Henri Nouwen descreveu o dom da reminiscência como a tarefa mais importante do diretor espiritual, pois, segundo a sua convicção, o diretor espiritual deve curar os seres humanos que acompanha, através da reminiscência: "O remorso é uma lembrança opressiva; a culpa, uma lembrança acusatória; a gratidão, uma lembrança alegre. Todos esses sentimentos encontram-se profundamente influenciados pela forma que incluímos eventos passados na nossa existência no mundo atual. De fato, percebemos o nosso mundo segundo as nossas lembranças". Segundo Henri Nouwen, a lembrança de nossas feridas é a condição para a cura destas. Cita o filósofo alemão Max Scheler: "O ato de se lembrar é o início da libertação do poder secreto do fato ou evento lembrado". À medida que me lembro das experiências dolorosas da minha história de vida, liberto-me do seu poder destrutivo. Afasto a folhagem que se acumulou na terra fértil da minha alma. Somente assim o sol do amor divino será capaz de fazer brotar as flores que existem dentro de mim.

Mas não se trata apenas das experiências dolorosas por nós vividas e que, naturalmente, não devem ser reprimidas. O caminho da cura consiste também na lembrança de todas as experiências alegres que fazem igualmente parte de nossa vida. Podemos lembrar-nos de momentos nos quais nos sentíamos felizes e em harmonia com nós mesmos. Pode tratar-se de uma caminhada pelas montanhas, um encontro alegre ou a experiência de sucesso. Devemos lembrar-nos de como vencemos alguma crise do passado. Cada um possui, dentro de si, a habilidade de lidar com dificuldades. Quando nos lembramos conscientemente dessa capacidade, ela é reativada dentro de nós. Esses aspectos de caráter terapêutico e curativo apontam também para uma dimensão curativo-teológica, principalmente quando nos lembramos das coisas com que Deus nos presenteou nesta vida e de quando pudemos sentir a sua presença, quando dissolveu a nossa aflição e provou o seu amor. A fé se sustenta principalmente na lembrança dos atos de Deus. Pois a sua natureza consiste na habilidade de visualizarmos um pouso firme ao meio das turbulências de nossa vida. A liturgia viva da reminiscência. Somos lembrados das curas promovidas por Jesus e, deste modo, estas se tornam presentes. Participamos do efeito curativo dos eventos passados, pois os trazemos à memória e os representamos na liturgia. Platão desenvolveu um conceito parecido de reminiscência. Segundo o filósofo grego, a alma lembra-se de sua existência antes do nascimento. Em termos cristãos, poderíamos dizer que nos lembramos de nosso verdadeiro ser, de nosso cerne divino, da imagem única que Deus possui de nós. A lembrança dessa imagem original e autêntica nos liberta do estado aprisionador ao qual os nossos conflitos cotidianos nos remetem. Ela indica que, em meio às turbulências de nossas vidas, existe ainda algo diferente em nós. E isto cria a capacidade interior de se distanciar, a liberdade e a serenidade.

Verena Kast nos estimula a lembrarmos, principalmente, de situações onde nos sentíamos alegres. Deveríamos escrever a biografia de nossas alegrias. À medida que nos lembramos dos momentos felizes de nossa vida e de como expressávamos esta alegria, entramos em contato com a alegria. Verena Kast considera a alegria uma emoção elevada, que move algo dentro de nós. Cada um de nós sabe, por experiência própria, que trabalha bem e com prazer quando sente alegria dentro de si. Sabemos que não podemos fabricar a alegria, mas podemos recordar-nos das alegrias já experimentadas. Através deste ato da recordação, a fonte criativa adquire vida nova dentro de nós. "Experimentamos, através da alegria, a emoção que faz parte das assim chamadas emoções elevadas, a plenitude, vitalidade, energia, corporalidade e a ligação com outros seres humanos. Experimentamos a nós mesmos à medida que dissolvemos as nossas reivindicações e tornamo-nos novamente esperançosos. Percebemos que qualquer vida humana, independente de quão difícil possa ser, abriga um oásis de alegria que nos presenteia com alegrias à medida que dele nos lembramos".

Assim como Verena Kast, Eckhard Schiffer, médico chefe de um hospital cristão, nos estimula a lembrarmos as experiências positivas de nossa infância. Refere-se principalmente a experiências que nutriram os nossos sentidos. Bastam determinados aromas ou imagens e nos sentimos reconectados com os momentos felizes de nossa infância, durante os quais brincávamos intensamente, percebendo o mundo com todos os nossos sentidos. Nessas horas não necessitamos de tantos estímulos novos para nos sentirmos mais vivos. Podemos criar um mundo próprio através da imaginação. "Sou incrivelmente livre e independente, pois posso inventar aquilo que necessito para o meu prazer. A imaginação inesgotável transforma a alegria em alegria de viver e esta se faz presente em nosso mundo interno". Schiffer menciona a escritora sueca Astrid Lindgren que, em sua autobiografia, escreve sobre a sua infância: "Quando brincávamos, éramos muito livres e jamais vigiados. Brincávamos, brincávamos e brincávamos". Provavelmente os livros de Astrid Lindgren atingem muitos leitores, pois a autora cria a partir da rica fonte de suas próprias recordações. Parece que a leveza de seus livros origina-se na leveza experimentada durante as brincadeiras de sua infância. A criança que brinca incansavelmente, quando adulta, reencontra em seu trabalho a inesgotável fonte de sua imaginação a partir da qual elaborava e realizava as brincadeiras de sua infância. O poético livro infantil sobre o rato Frederico do artista Leo Lionni revela a forma pela qual as lembranças das cores do verão possibilitam ao rato contar sobre o calor e as cores do verão durante o inverno. Isto não é apenas benéfico para o rato, mas sim presenteia também os outros ratos com luz e calor durante o frio invernal. Não é à toa que a história atingiu milhares de pessoas no mundo inteiro. Aquele que é capaz de recordar vivamente as belas experiências do passado abastece-se de uma fonte inesgotável, transformando-se também para aqueles que o circundam em uma fonte de gratidão e alegria. Pois, à medida que fala de suas lembranças, possibilita que os seus ouvintes reencontrem igualmente as suas belas experiências.

Imaginação ativa

A imaginação ativa, desenvolvida pelo terapeuta suíço C.G. Jung, representa uma forma importante de encontrarmos os nossos recursos internos. Através dela devemos imaginar os nossos conteúdos inconscientes. Para Jung, o inconsciente é uma fonte renovadora que acessamos por intermédio da imaginação ativa, que nos indica novos caminhos e nos revela quais as fontes que estão a nossa disposição. Jung desenvolveu a imaginação ativa prioritariamente a partir de sonhos, descobrindo que a representação de nossos conteúdos inconscientes, através da pintura, dança ou imaginação, exerce um efeito curativo sobre a nossa alma. Jung chama a imaginação de "ativa", conscientemente. Por um lado, indica que devemos deixar as coisas acontecerem e conceder espaço à fantasia para que esta possa emergir. Por outro, devemos guiar essa fantasia. Ela emerge dos conteúdos dos sonhos, do inconsciente. Não me permito imaginar apenas fantasias destrutivas ou fantasiar sobre os meus sentimentos de vingança. Reivindica-se uma atitude ética.

A imaginação ativa ligada ao trabalho com os sonhos pode ser descrita da seguinte maneira: Imagino estar sozinho no cinema. Do meu lado encontra-se uma filmadora na qual introduzo o filme do meu sonho. Ele começa a rodar. Quando desejo, faço o filme rodar mais devagar. Também posso congelar algumas imagens para que eu possa me aprofundar nelas. Inicio um diálogo com os personagens do sonho. Ou então, apenas olho para a imagem, permitindo que atue sobre mim. À medida que absorvo a imagem do sonho esta passa a atuar de modo curativo.

Uma mulher depressiva revelou ter sonhado com uma luz forte, e, ao despertar, sentiu-se melhor. Não faz muito sentido interpretarmos este sonho. Será mais proveitoso meditarmos em cima dessa imagem de luz interior. Assim, a luz poderá penetrar na minha escuridão interior, espantando-a. Irei me sentir melhor. Sinto que a fonte da luz encontra-se em mim e que deseja iluminar o meu mundo interno.

Às vezes, podemos simplesmente continuar com o sonho. Olhamos para imagem onírica e permitimos a nossa fantasia fluir livremente. Muitas vezes o sonho acaba se movimentando para uma direção que conduz à vivacidade e clareza. A continuação do sonho pode revelar uma solução para o meu problema. Uma estudante de música sonhou com um homem aproximando-se dela com uma faca. Acordou aos gritos. Continuou o sonho através da imaginação ativa. O homem lhe deu a faca. Soube de repente: preciso impor limites a mim mesma. Devo frear a minha falta de medida durante os meus estudos e ensaios de piano. A imaginação fez com que descobrisse dentro de si a capacidade de impor limites.

Verena Kast continua desenvolvendo essa forma de imaginação. Aconselha-nos a lembrarmos de situações passadas através da imaginação ou de pensarmos em algo futuro, algo que nos faz bem. Deste modo, descobrimos como solucionar um problema e que tipo de atitude interior desejamos cultivar. Podemos fazer vários esboços de nós mesmos. Verena Kast utiliza este método de forma terapêutica: "Através da imaginação podemos explorar espaços dentro dos quais nos sentimos bem, onde podemos solidificar a nossa identidade. Podemos representar problemas e nos confrontar com os mesmos".

O médico Carl Simonton desenvolveu o método da imaginação durante o tratamento de pacientes com câncer. Através da visualização deseja despertar as forças curativas do paciente. Valoriza também a dimensão espiritual. Estimula os pacientes a modificarem o seu modelo de fé. Muitas vezes, os nossos problemas se devem a nossa visão de mundo. Simonton considera a fé um modo de enxergar a vida que me ajuda a lidar melhor com esta. Jeanne Achterberg trabalha de modo parecido com as imagens interiores. Tem certeza de que "a nossa alma pensa através de imagens". Quando medito sobre imagens positivas, isto terá um efeito curativo sobre a minha alma. Absorvê-las é benéfico para corpo e alma. Jeanne Achterberg convida os seus pacientes a visualizarem um espaço que abriga o potencial de cura, que evoca a ideia de bem-estar e cura. Imaginar um espaço que evoca a ideia de cura é benéfico e vital para corpo e alma.

A imaginação ativa aproveita a força da imaginação do ser humano. Sabe que a nossa alma abriga imagens de potencial curativo que precisam apenas ser ativadas. A Bíblia também nos oferece imagens desse tipo. Trata-se, por exemplo, da imagem do espinheiro em chamas, do templo ou da videira. Absorver tais imagens nos ajuda na busca de nosso centro. Encontramos o nosso próprio centro e a fonte que brota em nós. Não se trata de refletir sobre as imagens bíblicas, mas sim de apropriar-se das mesmas, imaginando que somos o espinheiro em chamas, vazio e extinto, ao mesmo tempo, porém, pleno de fogo e magnificência divina. Somos o templo, amplo e belo. A divindade infinita nos habita. Somos a videira conectada ao circuito do amor divino. As imagens revelam quem e como realmente somos. Libertam-nos das autoimagens nocivas que fazemos de nós mesmos e que nos impedem de viver. Revelam as possibilidades com que Deus nos dotou.

Também podemos exercitar a imaginação ativa quando não nos sentimos bem. Desse modo nos retraímos do terror e das circunstâncias externas. Mesmo quando nos encontramos rodeados de pessoas inimigas, podemos fazer uso do dom da nossa imaginação e mergulhar em um mundo que nos faz bem. O teólogo protestante Dietrich Bonhoeffer, ativo na luta contra o nazismo e condenado à morte pelo mesmo, exercitou tal atividade durante a sua permanência na prisão de Tegel. Imaginava libertar-se da prisão sufocante. A imaginação tornou-se fonte vital para que pudesse sobreviver naquele ambiente desumano e manter a sua dignidade.

Sobre como a saúde é gerada

Há alguns anos existe uma nova tendência na psicologia. Trata-se da assim chamada *Salutogênese*, desenvolvida pelo terapeuta judeu Aaron Antonovsky. Durante o tratamento de vítimas do holocausto, Antonovsky descobriu que as mesmas experiências terríveis que, em alguns casos, produziam o colapso e a doença, em outros tornavam as vítimas mais fortes e saudáveis. Perguntou-se por isso: Quais as condições para que um ser humano não sucumba diante de suas feridas, mas sim cresça a partir das mesmas? Deste modo passou a se concentrar na questão sobre o que contribui para a saúde do ser humano e não sobre aquilo que adoece. Trata-se de uma mudança de perspectiva fundamental. Atualmente, esse ponto de vista é assumido por vários outros terapeutas e médicos. Trata-se de uma nova direção da psicologia da saúde, que se preocupa em conduzir as pessoas aos seus recursos pessoais dos quais podem se abastecer para que a sua vida tenha êxito.

Podemos traduzir a palavra *Salutogênese* por "Geração de saúde". Neste sentido a palavra latina *salus* não significa apenas saúde, mas também salvação. O termo "salvação" ocupa um lugar central na doutrina cristã da redenção. Jesus é o redentor que nos traz a salvação. Em seu doutoramento, o psicólogo de pastoral Christoph Jacobs procurou tornar a atual pesquisa sobre saúde e o conceito de Antonovsky acessível aos diretores espirituais, que, muitas vezes, se encontram em um estado de exaustão. Ao invés de apenas curarem os sintomas de esgotamento, deveriam, e é esta a sua causa, cuidar de seus recursos. Jacobs explica o modelo da *Salutogênese* de Antonovsky da seguinte maneira: O que é decisivo para a geração da saúde do corpo e da alma é o sentimento de coerência. Trata-se de uma confiança fundamental, de estar enraizado em um mundo que nos dá sentido. O sentimento de coerência nos dá a sensação de que tudo se encontra conectado e interligado. Isto não vale apenas para o mundo externo, mas sim também para o mundo interno da alma. Tudo aquilo que descubro dentro de mim tem o direito de existir. Tudo tem sentido, pode ser compreendido, adquirir forma e ser modelado. Deste modo percebo que tudo aquilo que se encontra em minha alma e que a mim se dirige através do mundo externo constitui um desafio que me faz crescer. Nem a minha psique nem o mundo externo me sobrecarregam. Pelo contrário, desejo crescer através destes, investir em mim e no mundo, engajando-me para um mundo mais humano.

Jacobs descreve o significado do mundo da seguinte maneira: O sentimento de coerência se expressa através da compreensibilidade (interpretação do mundo), da possibilidade de dar forma (recursos, talentos) e da importância (desafio, engajamento). São necessários três fatores para o surgimento do sentimento de coerência: a consistência (compreensão e possibilidade de explicar as experiências da vida), o equilíbrio entre a sobrecarga e a possibilidade de ser menos exigido e a participação de processos de decisão. O contrário da consistência é a fragilidade. Algumas pessoas experimentam a vida, desde seu nascimento, como algo frágil. Não conseguem construir a moradia de sua vida em um solo seguro. Mas à medida que obtêm melhor compreensão sobre a sua vida, encontram um caminho para dar forma a esta. Para a geração de saúde é fundamental encontrarmos um equilíbrio entre a sobrecarga e a possibilidade de ser menos exigido. Alguém constantemente sobrecarregado sente-se incapaz de assumir a sua própria vida. Quem, no entanto, é pouco exigido, perde vontade de investir em si mesmo. Murcha e perde a flexibilidade. A vida se torna um peso para pessoas que evitam qualquer tipo de sobrecarga. Acreditam estarem protegendo a sua vida em relação à sobrecarga. Na realidade, no entanto, criam um peso para si mesmos. Pois, ao invés de enfrentar a própria vida e crescer a partir deste desafio, a vida torna-se um peso quase impossível para elas. Esses fatores internos, no entanto, encontram-se ligados a um componente social. Trata-se da participação do processo de decisão. Preciso sentir que posso participar tanto das decisões que dizem respeito à minha própria vida, mas também daquelas que pertencem ao mundo do trabalho ao futuro do mundo que me circunda. Quem acredita que o seu futuro depende de forças alheias, perde o contato com os seus próprios recursos.

Aaron Antonovsky faz uma distinção entre recursos pessoais e recursos sociais. Quem se abastece dessas duas fontes não vivencia o estresse como um peso, e, sim, como um desafio.

Os recursos pessoais seriam a saúde psíquica, o sentimento de coerência; a confiança, isto é, o otimismo; uma atitude esperançosa e confiante diante da vida, que se sobrepõe aos fracassos; a convicção subjetiva de poder influenciar eventos importantes de nossa vida; autoconfiança, enquanto convicção de possuir a competência de dominar situações problemáticas; o desafio, enquanto convicção de que as mudanças são algo natural e que estimulam o nosso crescimento; autoestima – um eu estável, que não está ameaçado de desmoronar; estabilidade emocional; uma autoavaliação despreocupada no sentido de ser capaz de preservar, também no caso de mudanças mais significativas, uma atitude tranquila, calma e satisfeita ou ser capaz de reconstruir a própria vida. O ser humano encontra todos esses recursos dentro de si, mas também pode desenvolvê-los. Às vezes estes se encontram soterrados em função de feridas e situações de conflitos. Nessa hora, a tarefa do terapeuta e do diretor espiritual consiste em reconduzir o cliente aos seus próprios recursos, mostrando-lhe que é capaz de lidar com os conflitos e enfrentar os desafios da vida.

No entanto, os recursos sociais aos quais temos acesso são de igual importância. As pesquisas sobre saúde reconheceram que as relações interpessoais de boa qualidade contribuem de modo fundamental para a saúde e uma vida com êxito. Falam de um sistema imunológico social que ajuda o ser humano a se proteger contra germes nocivos presentes no meio externo. O sentimento de pertencer de forma especial a uma comunidade é de grande valor para a saúde e para a expectativa de vida de uma pessoa. Segundo Jacobs, fazem parte dos recursos sociais: "condições de vida favoráveis no âmbito da família ou comunidade (respeito, afeto, consideração, apoio mútuo); condições de trabalho favoráveis (um bom clima de trabalho, um espaço adequado e flexível para a tomada de decisões, oportunidades para o desenvolvimento dos potenciais e desejos pessoais); relações intactas com os vizinhos; condições de vida materiais favoráveis (lar e rendimentos); instituições sociais úteis (saúde, educação, segurança social, cultura etc.); condições políticas gerais favoráveis".

Em muitos casos, os recursos sociais simplesmente existem. Nesses casos devemos ser gratos. Muitas vezes, porém, é preciso criá-los ou contribuir para que eles se fortaleçam. Isto se refere, por exemplo, à organização do local de trabalho. É tarefa da chefia criar um clima no qual as pessoas gostem de trabalhar e de organizar o trabalho de tal forma, que todos possam participar suficientemente, tendo clareza sobre o funcionamento do trabalho em questão. É tarefa das empresas, paróquias, comunidades ou das instituições filantrópicas promoverem recursos sociais. Ao mesmo tempo, cada um de nós deve usufruir dos recursos sociais disponíveis e contribuir para que estes se fortaleçam.

O modelo da *Salutogênese* nos permite tomar consciência de que a busca pela fonte interior constitui um passo decisivo em direção à saúde do ser humano. Não devemos nos concentrar apenas nas feridas de nossa história de vida, mas sim procurar pelos recursos disponíveis no aqui e agora. Em parte, essas fontes existem em função das experiências de nossa infância. Por outro lado, podemos avançar em sua direção à medida que criamos condições gerais favoráveis, como a participação de processos de tomada de decisão ou uma relação equilibrada entre a sobrecarga e a possibilidade de ser menos exigido.

Identifiquei-me imediatamente com as ideias desenvolvidas por Antonovsky, isto é, com o seu conceito de *Salutogênese*. Senti que existe aqui um caminho adequado para entrarmos em contato com as nossas fontes interiores e delas nos abastecer. Senti-me apoiado no sentido de que, durante o acompanhamento, sempre desejo mostrar às pessoas os seus próprios recursos ao invés de falar apenas sobre as suas feridas. Todos nós abrigamos fontes a partir das quais podemos nos abastecer. Fontes que nos fortalecem, curam as nossas feridas, nos capacitam a dar forma às nossas vidas e a desenvolvermos a nossa saúde e alegria de viver.

A criança interior

A outra fonte da qual podemos nos abastecer e que foi reencontrada por muitos psicólogos é a assim chamada criança interior. Atualmente existem muitos livros sobre esse tema. Trata-se da opinião de que cada um de nós carrega dentro de si a criança que já foi um dia. A criança ferida que precisa ser acolhida em nossos braços para que seja consolada e cuidada. Ao invés de nos lamentarmos, devemos ser maternais e paternais com o menininho e com a menina abandonada, isto é, com a criança que somos. Assumimos a responsabilidade com a criança desamparada e magoada em nós. Trata-se, porém, também da criança divina. Esta representa o potencial de criatividade e fantasia que encontramos em nós, aquilo que recebemos de Deus a partir de nosso nascimento. São as nossas capacidades, a nossa forma de pensar e um modo muito pessoal de compreender e dar forma a nossa vida.

No livro *Encontre o caminho de sua vida* faço algumas observações sobre as primeiras feridas de nossa infância. Após uma palestra sobre o tema, uma mulher me perguntou sobre como lidar com sua ferida paterna. Seu pai a abandonou logo após o nascimento, e ela nunca mais soube dele. Não sabe quem ele é, nem onde está, sente apenas a ferida do abandono. Disse a ela que certamente era importante que levasse esta dor a sério e que não a reprimisse, mas ninguém pode prender-se para sempre na dor. Caso contrário, a mulher acabaria definhando-se com a ausência de seu pai. Além disso, não foi abandonada para sempre. Não é apenas filha de um pai que jamais cuidou dela. Abriga igualmente dentro de si a imagem de um pai arquetípico e pode projetar essa imagem em pessoas capazes de se tornarem um pai substituto, transmitindo-lhe algo da qualidade paterna. Em última instância, ela também abriga algo da ordem do paterno dentro de si. E, neste sentido, deverá ser o pai da criança abandonada que mora nela. Deve fazer com que ela se sinta segura e encorajá-la a enfrentar a vida apesar de todo abandono. E, em última instância, também pode vivenciar Deus como seu pai, isto é, alguém que a assume, protege e fortalece.

Em outras épocas, o terapeuta estaria mais inclinado a trabalhar o abandono. Um terapeuta que se orienta segundo os recursos não passa por cima do abandono, mas ajuda o cliente a alcançar as suas próprias fontes interiores. Trata-se principalmente das experiências durante as quais a criança se sentiu protegida e forte. Devemos perguntar sobre as conquistas do cliente e como lidou com as mesmas. Afinal de contas a mulher sempre sobreviveu ao abandono. Demonstrou a sua força. Naturalmente ainda sofre com isso e, às vezes, tem a sensação de que não consegue continuar vivendo. Mas, por outro lado, pode se apoiar no fato de que sua mãe a gerou. Esta se empenhou em seu favor. Trata-se aqui de uma fonte positiva, da qual é possível abastecer-se. Além disso, a mulher desenvolveu forças para superar os obstáculos. Existem, neste sentido, recursos positivos que podem se tornar conscientes e mais fortes. Volta e meia encontro pessoas que se lamentam, pois acreditam que foram feridas pela mãe e pelo pai e que nada receberam destes. Sofrem com o fato de seus pais jamais os terem prestigiado ou elogiado. Continuam, mesmo com 50 ou 60 anos, esperando pelo elogio do pai e pelo amor da mãe. Esse tipo de anseio é compreensível, mas, por outro lado, provoca dependência. Sendo assim, é importante sermos um pai ou uma mãe para nós mesmos. Os meus lados paternos e maternos podem voltar-se para a criança abandonada dentro de mim.

Mas eu não abrigo apenas a criança abandonada, mas também a criança divina. A criança interior é a criança divina. Ela revela que não existe apenas o pequeno menino ferido dentro de mim, mas, sim, também algo maior do que eu. A criança divina é uma fonte de criatividade e fantasia, de vivacidade e confiança, de força e energia. Porém, apenas quando permito a existência da criança ferida, torna-se possível conhecer a criança divina. Para C.G. Jung, a criança divina constitui uma imagem arquetípica que contém o potencial de renovar a nossa vida. À medida que ela surge, desencadeia uma onda de energia que permite o fluxo de nossa fonte de criatividade. Jung se encontrava em uma crise pessoal, que fez a sua vida estagnar, quando de repente se lembrou de uma imagem de sua infância: "Naquela época eu adorava brincar com tijolinhos de madeira [...] Para minha surpresa, essa lembrança surgiu acompanhada de certa emoção. Pensei: há vida aqui. Existe um menino pequeno que possui a vida criativa que me falta". A recordação dos jogos criativos de sua infância o ajudou na superação da crise e a perceber-se novamente enquanto pessoa viva e criativa. Nós também podemos fazer a mesma experiência. Quando nos sentimos áridos e secos deveríamos lembrar-nos da criança divina que nos habita, recordar as suas brincadeiras, a sua capacidade imaginativa e criativa. A relação com a criança divina que abrigo em mim reacenderá a minha vivacidade, tornando tudo mais fecundo.

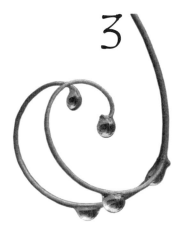

A FONTE DO ESPÍRITO SANTO

Podemos ser gratos pelas fontes que encontramos em nós. Trata-se de um presente de Deus, dado a nós desde o nosso nascimento. Determinados talentos não são mérito nosso. Já outras fontes se devem aos nossos pais, a nossa educação ou à influência de amigos. No entanto, é preciso ir além dessas fontes humanas até alcançarmos uma realidade que comparo com a imagem da água telúrica. As fontes humanas são importantes, nos vivificam; ao mesmo tempo, porém, são limitadas. Nessas horas ansiamos pela fonte inesgotável que nos habita, fonte esta que não tem a sua origem em nós, e sim em Deus. Essa fonte do Espírito Santo flui em todo ser humano. Muitas vezes, no entanto, nos encontramos desconectados da mesma ou simplesmente não a consideramos. Para mim, espiritualidade significa viver a partir da fonte do Espírito Santo. A palavra espiritualidade procede de "*spiritus* = espírito". Espiritualidade, então, significa uma vida a partir do Espírito Santo. Mas o que isto significa concretamente? De que modo podemos viver a partir do Espírito Santo? Como experimentamos tal fonte interior? E como reconheço que estou vivendo a partir do Espírito Santo?

Desejo responder tal pergunta seguindo a tradição bíblica e filosófica. O que me importa neste sentido é a pergunta sobre como a fonte do Espírito Santo se revela concretamente em nossas vidas e de que maneira podemos viver segundo ela, pois aquilo que designamos de fonte do Espírito Santo não é algo abstrato; trata-se de algo real e revela-se principalmente através de virtudes e posturas que ativam e libertam as forças de nossa alma. Quem vive dessa fonte logo perceberá que sua vida tem êxito e uma nova qualidade. Trata-se das experiências de liberdade e amplidão, vivacidade e amor. A partir do carisma de uma pessoa, podemos perceber de que fonte ela vive e trabalha. Durante uma palestra ou outro tipo de evento público, detectamos características como a fome de poder, necessidade de ser o centro das atenções, cobiça e vaidade. Por via de regra, é possível perceber se alguém deseja apenas se mostrar e atrair a atenção para si ou se está aberto a ser permeado por algo maior. A voz, o gestual e o tipo das palavras escolhidas nos informam sobre a intenção da pessoa. Os espectadores se sentem bem, aceitos e inseridos em um âmbito maior quando alguém fala a partir da fonte do Espírito Santo. Não notamos tal fato apenas em relação aos outros, e sim também em relação a nós mesmos. Quem se abastece da fonte do Espírito Santo abriga uma energia inesgotável. Seu trabalho transmite leveza. Não percebemos o esforço. Sempre quando nos encontramos exaustos e insatisfeitos com nós mesmos, trata-se de um sinal de que não estamos nos abastecendo da fonte do Espírito Santo. Precisamos ser sinceros com nós mesmos. Deste modo perceberemos que, na realidade, estávamos interessados apenas em nosso sucesso, em sermos aceitos e aplaudidos. E isto não acontece apenas quando aparecemos diante de um público que pertence a um meio que extrapola o nosso âmbito mais pessoal. Também durante o nosso trabalho cotidiano podemos rapidamente perceber de que fonte nos abastecemos. Quando nos irritamos ou nos sentimos usados, a fonte da qual nos abastecemos é a fonte de nosso ego. Queremos provar algo para os outros. Desejamos ser vistos.

Outro critério importante para percebermos se estamos nos abastecendo da fonte do Espírito Santo é se estamos nos entregando sem segundas intenções àquilo que está acontecendo no momento presente. Escrevemos e nos sentimos realizados. Falamos ao telefone e permitimos que a conversa nos absorva sem olharmos para o relógio, pensando em tudo que ainda precisamos fazer. É este também o sentido da frase beneditina "Que Deus seja glorificado em tudo". São Bento alerta os seus monges que não devem elevar-se acima dos outros em função de sua habilidade profissional, acreditando que estão sendo de grande utilidade para o convento. Quem pensa desse modo não está presente em seu trabalho, e sim encontra-se preso aos seus próprios pensamentos. Pensa nos outros e sobre como impressioná-los. O monge deve "exercer a sua profissão com total humildade" (Regra beneditina 57,1). E deve vender os seus produtos sempre por um preço um pouco mais baixo para que "Deus seja glorificado em tudo" (Regra beneditina 57,9). Quando São Bento alerta os monges, refere-se a um trecho da primeira carta de Pedro: "Quem fala, seja porta-voz de Deus; quem se dedica ao serviço, faça com as forças que Deus lhe dá, a fim de que em tudo Deus seja glorificado por meio de Jesus Cristo, ao qual pertencem a glória e o poder para sempre" (1Pd 4,11). O monge deve fazer o que faz a partir da força que recebe de Deus. Em outras palavras, isto significa que todas as suas palavras e ações devem fluir a partir da fonte do Espírito Santo. Deste modo, suas palavras e ações adquirem um outro aspecto: o da *doxa*, do brilho, da beleza, da leveza, da permeabilidade. Em última instância, ele irradia uma qualidade divina. As pessoas podem perceber tal fato. Sentem rapidamente se alguém deseja apenas vender a si próprio ou se está aberto para ser permeado por algo maior do que ele.

Quando trabalhamos a partir da fonte do Espírito Santo, o nosso trabalho transmite algo especial aos outros. Trabalhamos com vontade. Algo floresce em volta de nós e as pessoas que nos circundam acabam igualmente se entusiasmando com o que fazem. O trabalho que flui da fonte do Espírito Santo irradia leveza; respira imaginação e criatividade. Contagia-nos e torna-se frutífero para os outros. Não somos capazes de criar o efeito de leveza e entusiasmo com o trabalho por conta própria. Isto acontece quando estamos em contato com a fonte interior e permitimos que ela flua para a atividade em questão. Sentimo-nos cansados sim, porém não esgotados. Quando passamos o dia com um trabalho que faz sentido para nós, estamos cansados à noite. Trata-se, no entanto, de um cansaço específico que nos faz sentir bem. Somos gratos porque nos empenhamos por Deus e pelas pessoas com toda a nossa força. O esgotamento é algo diferente, faz-nos sentir esgotados e insatisfeitos. Estamos cansados, mas não conseguimos dormir. Irritamo-nos facilmente. Deste modo, a sensação que o trabalho provoca em nós acaba sendo o critério que nos informa sobre a fonte da qual estamos nos abastecendo. Quando nos abastecemos de uma fonte turva não devemos nos zangar com esse fato ou então brigar com a fonte turva. Ao contrário, devemos cavar mais fundo. Por baixo da fonte turva encontraremos a fonte clara do Espírito Santo. Ela já está em nós, à espera de ser encontrada por nós no fundo de nossas almas.

Ímpetos curativos

No Novo Testamento, mais especificamente no Evangelho de João, encontramos a imagem da fonte da qual devemos abastecer-nos para o nosso trabalho, os nossos discursos, a nossa vida e a nossa saúde. Jesus diz àquele que acredita nele: "...do seu interior correrão rios de água viva" (Jo 7,38). O Evangelista João claramente interpreta essa fonte no sentido do Espírito Santo: "Dizia isso, referindo-se ao Espírito que haviam de receber os que cressem nele" (Jo 7,39). Durante a conversa com a samaritana na fonte de Jacó, Jesus lhe promete uma água que irá matar a sua sede para sempre. Não terá mais que buscar água na fonte de Jacó. Nela mesma encontra-se uma fonte da qual poderá beber sempre. Jesus se refere à água, com a qual presenteia aquele que nele confia, da seguinte maneira: "mas aquele que beber da água que eu lhe der nunca terá sede; pelo contrário, a água que eu lhe der se fará nele uma fonte de água que jorra para a vida eterna" (Jo 4,14). A mulher se fascina com tal promessa e pede a Jesus: "Senhor, dá-me dessa água, para que não mais tenha sede, nem venha aqui tirá-la" (Jo 4,15). Esse desejo é compreensível. Nós também nos cansamos de ter que nos abastecer o tempo inteiro de alguma fonte externa, até porque o fornecimento externo de água sempre só dura pouco tempo. Ansiamos por uma fonte interior que flui o tempo todo. Jesus nos promete essa fonte que, para a samaritana, representa a fonte que sacia seu desejo pela vida. Jesus lhe promete vida eterna. Vida eterna significa vida plena, isto é, a vida experimentada no exato momento em que se vive. Trata-se de uma existência onde o tempo e a eternidade coincidem, assim como o céu e a terra, Deus e os seres humanos. Jesus assegura à mulher um tipo de água que saciará a sua sede mais profunda e a protege de ressecar internamente. Mas também fala da fonte do amor que jamais se esgota. A sua conversa com a samaritana gira em torno de seus seis maridos, que não satisfizeram o seu desejo de amor. Caso ela beba da água que Jesus lhe oferece, o seu anseio por amor será atendido. É esta a promessa de Jesus. Ela não esperará mais que um homem satisfaça a sua carência de amor, pois descobrirá dentro de si o inesgotável amor divino, quer dizer, a fonte do Espírito Santo.

A imagem da fonte é um símbolo central e recorrente no Evangelho de João. As duas histórias mais importantes sobre a cura ocorrem perto de uma fonte ou de um lago. Nas duas histórias trata-se do desejo de Jesus de aproximar os doentes de sua fonte interior, isto é, da fonte divina. Segundo João, o doente só se cura realmente quando novamente beber da fonte do Espírito Santo. Na primeira história, trata-se de um homem paralítico, que já tem 38 anos e não possui mais resistência. Encontra-se no meio de vários doentes, deitados ao redor da piscina de Betesda, com a finalidade de conseguirem entrar na piscina à medida que a água sobe. Esperam obter a cura desta forma, mas o homem paralítico não tem nenhuma chance de penetrar na piscina. Sempre tem alguém na sua frente. Jesus o cura à medida que o olha e compreende. Mas somente a compreensão não basta; Jesus faz com que o doente se abra através de uma pergunta provocativa: "Queres ficar são?" (Jo 5,6). Acreditamos que todos nós desejamos curar-nos. Existem, no entanto, doentes que se acomodaram com a sua doença. A doença lhes dá vantagens. Não precisam se responsabilizar pela sua vida, entregando-se aos cuidados dos outros. Com sua pergunta, Jesus deseja trazer à tona a força que existe dentro do doente. O doente também abriga uma fonte de energia e precisa entrar em contato com esta fonte, para tornar-se saudável. Ele, porém, se esquiva da pergunta. Relata por que razões não pode se curar. Jesus, no entanto, não reage, conforme esperado, de modo compreensível diante deste tipo de desculpa. Pelo contrário, estimula o homem: "Levanta-te, toma o teu leito e anda!" (Jo 5,8). Poderíamos dizer que através dessas palavras Jesus aproxima o doente de sua fonte interior. Para Jesus, curar significa aproximar as pessoas da força curativa de sua fonte interior. Recusa-se a eliminar a doença de forma mágica através de uma palavra ou de um simples toque. O doente pode levantar e andar por conta própria, mas, para que isso aconteça, precisa parar de se abastecer da fonte turva da autopiedade. Precisa cavar mais fundo para alcançar a sua fonte interior, que abriga energia suficiente e que o faz viver.

A segunda história de cura acontece na piscina de Siloé. Trata-se aqui do fenômeno da fonte turva embaçar a visão. Quem dela se abastece não enxerga as coisas do modo que são. Quando bebemos da fonte do Espírito Santo esta nos concede uma visão clara, que possibilita enxergar a realidade da forma que é. João nos diz que Siloé significa "O Enviado" (Jo 9,7). Isto significa que o lago remete a Jesus, o enviado de Deus. Lá Jesus cura um homem que nasceu cego. Cospe na terra, mistura-a com a sua saliva e passa esta pasta nos olhos do cego. Dá-lhe uma ordem: "Vai, lava-te na piscina de Siloé" (Jo 9,7). O homem se lava e passa a enxergar. Isto significa que Jesus primeiramente confronta o cego com a sua verdade. Indica que este também veio da terra e que abriga a sujeira dentro de si. Passa a sujeira nos olhos cerrados até então, fechando-os mais ainda. O cego deve olhar para dentro de si e descobrir quem realmente é. Jesus apenas ordena que o homem se lave. Deve tirar de si tudo aquilo que lhe parece turvo, que oculta o seu verdadeiro ser, limpando a sujeira que o separa de sua fonte interior. Algumas pessoas passam literalmente a enxergar melhor após uma terapia. Um homem míope, de repente, não necessita mais de óculos. Por ter tomado coragem de encarar de frente a sua própria verdade, pode enxergar a realidade de modo mais claro.

As duas histórias apontam para cinco significados da fonte. Ela refresca, purifica e cura. Ela fertiliza e nos fortalece. A fonte do Espírito Santo refresca: quem dela se abastece irradia algo renovador. Seus pensamentos não são rançosos, e, sim, novos. Ela transmite ideias novas.

A fonte do Espírito Santo purifica: muitos se sentem internamente poluídos. Durante o trabalho com outras pessoas, acabam absorvendo as emoções turvas do meio circundante. Sofremos de uma poluição ambiental emocional. Nessas horas desejamos limpar-nos com as águas da fonte do Espírito Santo. A imagem original e autêntica que Deus fez de cada um de nós tornou-se turva em função das várias imagens que foram impostas a nós. À medida que nos lembramos da fonte interior do Espírito Santo, podemos libertar-nos da turvação, para que a imagem pura de Deus possa resplandecer em nós.

No entanto, segundo as duas histórias do Evangelho de João, a cura ocorre. Compreendo o acompanhamento espiritual exatamente desta forma. Devemos reaproximar o ser humano de sua fonte interior. À medida que isto ocorre, dá-se a cura, as feridas psíquicas perdem o seu poder. A água fresca e curativa da fonte passa pela ferida, purifica-a e a cura. C.G. Jung chegou à conclusão de que o ser humano só se cura quando entra em contato com o numinoso. Uma cura efetiva necessita da fonte que cura. A energia curativa se encontra em nós; Deus nos presenteou com a mesma. Jesus cura os seres humanos à medida que os reaproxima de sua fonte interior. Neste sentido reza-se em Pentecostes: "Cure aquilo que está ferido". Ao respirar, sentimos o sopro do Espírito Santo, que constitui um poder curativo. Quando permitimos que este sopro penetre em nossas feridas através da respiração, podemos confiar que elas serão curadas. As feridas não desaparecem simplesmente; o Espírito Santo é similar a um óleo que ameniza a dor e cujo poder curativo beneficia o ser humano ferido. Por fim: a fonte do Espírito Santo fertiliza. Muitos de nós passam sempre pela mesma experiência dolorosa. Experimentam a si e aos outros como um deserto árido em que nada floresce; tudo se encontra vazio e ressecado. Não existe mais nenhuma ideia estimulante. Realizam o seu trabalho, porém não são criativos. Nada que emana deles possui um potencial fertilizador para o mundo. Quando Alfred Delp refletiu, em 1944, na cadeia, sobre a reza pentecostal, ele teve a impressão de que se tratava de uma época infrutífera. Considerava que havia gerações inteiras incapazes de articular uma ideia inteligente. Aquilo que Alfred Delp sentia há mais de 60 anos é válido ainda hoje, porque, apesar de todas as invenções e inovações tecnológicas, parece que o nosso tempo deixou de ser fértil. Na política, tenta-se apenas remendar os sintomas. Carecemos, no entanto, de ideias e visões que promovam movimento. Nosso tempo necessita, mais do que nunca, da fonte do Espírito Santo.

Em seu discurso sobre a videira, Jesus nos diz: "Quem permanece em mim e eu nele, esse dá muito fruto; porque sem mim nada podeis fazer" (Jo 15,5). Conheço muitas pessoas que se empenham em construir algo durante sua vida, mas, apesar de todo o esforço, as suas vidas permanecem infrutíferas. Muitas vezes isto sinaliza que desejam fazer tudo por conta própria. A nossa vida trará frutos apenas quando se encontra disposta a ser permeada por algo maior. Com a imagem da videira, Jesus indica que apenas quando nos encontramos conectados com o fluxo do amor divino, apenas quando nos abastecemos da fonte do amor divino, a nossa vida e os nossos atos se tornam férteis.

O fruto do Espírito

O apóstolo Paulo nos mostra que a fonte do Espírito Santo fertiliza a nossa vida, a partir dos nove "frutos" do espírito divino que ele apresenta na carta aos Gálatas. Paulo compreende o Espírito Santo como uma fonte da qual nascem vários frutos. Trata-se, em última instância, de virtudes que ele assume segundo a ética da filosofia grega, principalmente da Stoa. Podemos compreender essas nove virtudes como fontes das quais podemos nos abastecer porque nos ajudam a enfrentar a nossa vida. Quando tomamos consciência de tais valores, estes conferem valor a nossa vida. Em latim se fala das *virtutes*, ou seja, forças ou fontes de força das quais nos abastecemos para vivermos bem. Essas virtudes nos conectam com o potencial de nossa alma, potencial este que está à nossa disposição para realizarmos a nossa vida. O objetivo de Paulo é que a nossa vida tenha êxito. E ao mesmo tempo considera importante o Espírito Santo causar efeitos visíveis em nós. Podemos reconhecê-lo através de seus frutos. Mas o fruto do Espírito é amor, alegria, paz, paciência, bondade, benevolência, fé, mansidão e domínio de si (Gl 5,22-23). Paulo fala do fruto do Espírito no singular, pois pensa em uma única fonte. O Espírito Santo é a fonte, através da qual o fruto do espírito se torna visível no ser humano. O fruto se revela segundo as mais diversas posturas que transmitem segurança para o homem. E também a partir de virtudes necessárias para que a vida do homem tenha algum valor. Novamente trata-se de um contexto amplo. Não podemos perceber as virtudes apenas como um fruto que nasce a partir da fonte do Espírito Santo. Remetem-nos também a nossa fonte interior, a partir da qual florescem. E, por fim, representam fontes de força que fertilizam a nossa vida diária e que permitem que esta tenha êxito.

O *amor* é a primeira atitude mencionada por Paulo. A designação grega é *Ágape*. Não se refere à exigência do amor, e sim à qualidade do amor que por vezes sentimos em nós. Às vezes sentimos que não apenas amamos uma pessoa, mas somos o próprio amor. Nessas horas vivenciamos o amor como uma força, uma fonte, que flui em nós e jamais resseca. Paulo diz: "A caridade jamais acabará" (1Cor 13,8). O Evangelista João descreveu o amor que flui em nós utilizando diversas imagens. A imagem das Bodas de Caná; quando Deus se une com nós, a água se torna vinho. A nossa vida adquire um novo sabor, o sabor do amor. Através da imagem da videira, João descreve a nossa conexão com essa videira, como nos encontramos ligados a ela. A videira representa a fonte do amor. Simbolicamente, o vinho sempre tem a ver com o amor. Ao experimentarmos o amor em nós enquanto fonte, esta emerge de nós e flui em direção a tudo que existe. Em direção à natureza que nos circunda, às pessoas e até aos objetos que se encontram em nossos quartos. Nessas horas não precisamos tentar obter o amor à força. Ele simplesmente existe e confere uma outra qualidade às nossas ações. Não será penoso conviver com outros seres humanos, pois o amor que flui em nós permite que sintamos o amor que emana das pessoas e que vem em nossa direção.

Trata-se de uma experiência que pertence principalmente às profissões do âmbito social. O fato de alguém estar exaurido ou não depende também dos seus sentimentos em relação às pessoas. Quando alguém tem dificuldades de se aproximar das pessoas, vivenciará qualquer trabalho como um peso. Quando, porém, amamos as pessoas, a sua companhia se torna um prazer. E, quando delas nos afastarmos, fá-lo-emos recarregados com novas forças. Não se trata de levantar o dedo de forma moralista e dizer que as pessoas que exercem profissões na área social devem se esforçar a amar os outros. O amor forçado não só nos exaure mais rapidamente, como também, muitas vezes, parece artificial e, além disso, não atinge o outro. Quando, porém, confiamos que existe em nós uma fonte de amor, então gozaremos da companhia dos outros; não é preciso fazer nada. Simplesmente permitimos que o amor flua e recebemos bastante amor em troca, pois a direção do fluxo é dupla. É este o amor que Paulo compreende como a fonte do Espírito Santo. Naturalmente ele também se baseia na experiência do amor com os nossos pais e amigos. Mas trata-se de algo mais do que apenas de uma fonte natural. Trata-se por fim de um presente do Espírito. Este é inesgotável por sair diretamente de Deus.

A *alegria* é a segunda atitude, a segunda fonte da qual nos abastecemos durante a convivência com os outros. Todos nós sabemos que trabalhamos mais e melhor quando sentimos alegria com o que fazemos. Mas de onde vem a alegria? Por que sinto *alegria* em relação a determinados trabalhos e não a sinto em relação a outros?

Terá isto a ver com as condições externas? Ou com minha postura interior, minhas atitudes? Certamente existem atividades para as quais temos mais facilidade do que para outras. Quem sabe já gostávamos delas quando crianças. Possivelmente nos lembram de algo que já nos dava prazer naquela época. Outros trabalhos, por sua vez, provocam resistência. Talvez nos recordem de que tínhamos que realizá-los enquanto crianças, quando preferíamos brincar. Ou então sentíamos que os nossos pais também não gostavam desses trabalhos. Mas não estamos simplesmente entregues aos sentimentos que tínhamos quando crianças. Podemos procurar. Em todas as atividades que realizamos podemos procurar pela alegria que se encontra sempre disponível no fundo de nosso coração. Todos nós sentimos algum tipo de alegria durante a nossa infância, seja quando brincávamos, durante as atividades festivas, os passeios ou também nos trabalhos que realizávamos com o nosso pai ou nossa mãe. Não entramos em contato com a alegria apenas quando nos lembramos de experiências passadas. Ela se encontra em nós, agora. Tudo depende da nossa crença nessa fonte e da transposição da mesma para a consciência. Às vezes nos encontramos separados da fonte. Alguma sombra a escurece. Quando, porém, nos voltamos para dentro, achamos por baixo de nossa tristeza ou de nosso aborrecimento a fonte da alegria. Quando dela nos abastecemos, alegramo-nos com a nossa vida, com a presença do próximo, com o nosso trabalho e com tudo que de nós se aproxima. Não percebemos aquilo que nos sucede como algo ameaçador, e sim como algo com que Deus nos presenteia. Ele nos julga capaz de lidar com tais circunstâncias e às vezes também simplesmente nos confronta com as mesmas. Esse tipo de alegria origina-se do coração e flui para tudo o que fazemos. E nestas horas obtemos êxito.

Para Paulo, a alegria é assim como o amor: uma força particular. O Espírito Santo se expressa através dela. Trata-se, segundo ele, de uma fonte que simplesmente borbulha em nós. Às vezes, no entanto, também aponta para algumas razões concretas de sua existência. Trata-se da profunda alegria perante o Senhor, da alegria de estarmos próximos dele, de recebermos as suas dádivas. Ela se revela justamente pelo fato de também a sentirmos quando estamos tristes ou quando somos contestados. A alegria existe em nós quando nos sentimos fracos e até quando sofremos em função da maldade dos outros. O tipo de alegria que sentimos certamente também depende do nosso caráter. Existem pessoas que têm uma predisposição para serem mais alegres ou então foram educadas nesse sentido; outras já possuem um caráter mais melancólico e tendem à depressão. As causas podem ser físicas ou psíquicas. As pessoas não conseguem se defender contra determinadas predisposições, pois estas simplesmente existem. Não podemos esperar delas que se abasteçam da fonte da alegria da mesma forma. Mesmo assim, Paulo confia que o Espírito Santo crie em todos nós a fonte da alegria, até nas pessoas mais depressivas e desesperadas. Precisamos procurar a alegria no meio da tristeza e do medo. Esta muitas vezes se encontra soterrada, mas está intacta no fundo de nossa alma. Os pais da Igreja dizem que ela se encontra em nós, mesmo quando somos perseguidos, encontramo-nos doentes ou morremos.

A *paz* constitui a terceira fonte do espírito da qual podemos nos abastecer para conviver com os outros. A paz é uma dádiva de Deus. A palavra hebraica para paz (*shalom*) descreve, segundo os exegetas, "a essência da redenção e da felicidade" e do "bem-estar e da plenitude" dos seres humanos. O Novo Testamento diz de Jesus: "Ele é a nossa paz" (Ef 2,14). Parece que os cristãos antigos não ouviram apenas a mensagem de Jesus, e sim perceberam que Ele era um homem que estava em paz consigo mesmo, transmitindo assim paz para o mundo.

Pessoas que estão em paz consigo mesmas cumprirão as suas responsabilidades de modo sereno e calmo. Quem, porém, luta consigo mesmo sentirá muitas de suas atividades como perniciosas, pois se encontra impedido por bloqueios e resistências interiores. O esgotamento muitas vezes se origina nesse tipo de resistência e conflito internos.

Uma mulher que desejava trabalhar bastante se exauria muito à medida que tentava acompanhar o ritmo dos outros. Durante as conversas, obteve clareza sobre o que lhe custava tanta força. Não estava em sintonia consigo mesma. Pensava em relação a tudo o que fazia: o que será que os outros vão pensar de mim? Não se tratava tanto de querer ser reconhecida ou suficientemente boa, e sim de preocupar-se com o fato dos outros possivelmente adivinharem o que estava pensando enquanto trabalhava. Será que adivinhavam as suas fantasias sexuais? Esse tipo de pensamentos compulsivos que procediam de seus conflitos internos paralisavam-na e bloqueavam.

Quem se encontra em sintonia consigo mesmo, consegue entregar-se ao trabalho. Tudo aquilo que reprimimos, aquilo com que não fazemos as pazes, nos impede de trabalhar e viver. E nos custa muita força interior. Durante as conversas com pessoas esgotadas, percebemos rapidamente que a sua exaustão não está relacionada à quantidade de trabalho ou ao tipo de trabalho que fazem, nem às expectativas provenientes do meio externo e também não ao contexto em que vivem. Na maior parte das vezes, trata-se da falta de paz experimentada por ela. Em última instância, lutam contra a vida com que Deus as confronta. Preferem agarrar-se a ilusões e vivem fantasiando sobre como deveria ser a sua vida. E é exatamente esta cisão entre a ilusão e a sua realidade que lhes rouba toda e qualquer energia.

Para Paulo, a paz é um fruto do espírito. Isto, no entanto, não significa que ela simplesmente cai do céu. Precisamos aceitar o presente da paz à medida que nos reconciliamos com nós mesmos, à medida que fazemos as pazes com os nossos lados mais sombrios e desagradáveis. Fazer as pazes – *pacisci* – significa travar uma conversa, negociar. Precisamos conversar com os pensamentos e sentimentos que surgem em nós. Devemos confrontá-los e perguntar a eles o que desejam. E temos que pensar sobre como levá-los em consideração. Tudo que surge em nós tem uma razão de ser. Não podemos simplesmente eliminá-lo, pois aquilo que procuramos silenciar de modo violento continua borbulhando dentro de nós, tornando-se um bloqueio interno que nos custa muita força. Apenas quando fizermos as pazes com o que nos acomete, esta dimensão de nossa alma nos conduzirá à vida. Sendo assim, os nossos lados mais sombrios não irão nos afastar de nossa fonte interior, ao contrário, nos remeterão a ela.

A *generosidade,* em grego *makrothymia*, também é uma expressão da fonte do espírito. A Bíblia nos diz que Deus é um Deus da generosidade. Ele é paciente conosco e perdoa generosamente a nossa culpa. Mas a sua generosidade também nos ensina a ser generosos uns com os outros, ao invés de culpar e acusar uns aos outros. A generosidade se expressa na paciência que temos com nós mesmos e com os outros. Evoca imagens tais como uma alma ampla, um coração grande, um espaço amplo que existe dentro de nós. Mas aqui também nos confrontamos com o fato de existirem pessoas mais generosas por natureza, enquanto outras tendem mais à rigidez e à pusilanimidade. Mas, independente de nossas predisposições, é tarefa nossa entrar em contato com a fonte da generosidade que atua em nós por intermédio do Espírito Santo. Aquele que se encontra equipado com essa generosidade ou quem a adquiriu em função de uma atitude menos dura consigo mesmo irá desperdiçar menos energia com os conflitos que fazem parte do cotidiano de cada um. Podemos comparar tal fato com um recipiente pequeno e outro maior. Quando esquento leite em uma panela pequena, este ferverá e transbordará em pouco tempo; uma panela maior permitirá que ele se expanda. Pessoas que possuem um coração pequeno aborrecem-se com qualquer coisa, não sabem como lidar com os outros, com opiniões e comportamentos diferentes. Aborrecem-se com o fato de a colega de trabalho usar um vestido diferente. Ou então se irritam com o que a vizinha fala ou pensa. Chateiam-se porque o jarro de flores não se encontra exatamente no lugar onde o colocaram. Aborrecem-se com tudo e todos e se queixam alegando que a vida é muito dura. O seu coração pequeno lhes rouba muita energia. Explodem em relação a tudo que excede o seu pequeno horizonte, perdendo muito de sua força interior. Um coração maior permite me locomover no mundo sem gastar tanta energia. Muitas coisas cabem dentro de um coração grande. Ele pode ser generoso e sereno.

Cassiano, o escritor-monge mais importante do Ocidente, nos diz que a generosidade amplia o espírito, criando um refúgio de poder curativo, para o qual o espírito pode se retirar quando deseja afastar-se dos conflitos cotidianos: "Que vosso espírito, ampliado pela generosidade e paciência, contenha em si refúgios de reflexão, para que a ira nefasta, logo absorvida e dissolvida por estes, se desfaça de vez" (Coll. 16, 27, p. 165). Trata-se de uma bela imagem: a generosidade transforma o nosso coração em um refúgio, no qual podemos encontrar a paz. A ira, no entanto, não encontra espaço no mesmo, pois necessita sempre da estreiteza. Dissolve-se na amplidão. Um coração mais amplo é um refúgio da reflexão e da superioridade. O espírito precisa da amplidão para refletir e meditar. Quando se encontra em um espaço pequeno, acaba girando sempre em torno dos mesmos pensamentos. Apenas um horizonte mais amplo permite enxergarmos o que há de novo e este tipo de abertura liberta o espírito.

A pergunta, no entanto, seria: como alcanço tal generosidade? Como posso aproveitá-la enquanto fonte de força interior? Segundo São Bento, o caminho para tal envolve um encontro verdadeiro com nós mesmos, o autoconhecimento. Não se trata de um autoexame forçado. O autoconhecimento precisa andar de mãos dadas com um olhar generoso para a nossa realidade pessoal. Apenas quando me despeço da ilusão de que posso me tornar tão perfeito como imaginei um dia serei capaz de desenvolver tal generosidade também em relação a mim mesmo. E, com o passar do tempo, me tornarei igualmente generoso com as pessoas ao meu redor. Quando olho para o meu próprio caminho, percebo o quanto era difícil, de início, aceitar os meus próprios erros e fraquezas. Fui para o convento com bastante ambição. Desejava lutar a qualquer preço contra os meus erros, passar uma borracha por cima dos mesmos. E, de início, realmente gastei bastante energia com tal empreendimento. Quando fracassava, acusava e rejeitava a mim mesmo. Cerrei os dentes e continuei lutando, mas não tive sucesso. Custou-me muita energia. Somente mais tarde percebi o quanto girei em torno de mim mesmo durante essa luta. Restava pouca energia para o trabalho que deveria realizar externamente. Apenas quando pude me despedir da imagem ideal e rígida que construí para mim mesmo consegui alargar o meu coração e, consequentemente, o caminho espiritual como também o trabalho realizado no âmbito mundano tornaram-se bem mais suaves. Desfiz-me da minha fixação e a generosidade tornou-se uma fonte que me libertou dos padrões estreitos nos quais me enfiei. Além disso, tornei-me mais agradável para o meio que me circundava, pois deixei de me aborrecer com os meus irmãos que não correspondiam à imagem ideal que criei de um monge. Um coração mais amplo é muito mais capaz de transmitir algo aos outros do que um coração pequeno. Neste sentido, considero o ato de alargar o próprio coração não apenas uma questão de psico-higiene ou de um bom clima social, e, sim, uma tarefa espiritual constante. Isto exige vigilância e sensibilidade diante da tendência para o enrijecimento que também percebo em mim. Tão logo as minhas reflexões se tornam estreitas demais, tento entrar em contato comigo mesmo e imaginar a amplidão de Jesus. Os pensamentos mais estreitos desfazem-se.

A *bondade*, em grego *chrestotes*, é a próxima virtude. Originalmente a palavra grega se refere à honorabilidade e eficiência. Mas ao mesmo tempo também pode significar bondade, gentileza e suavidade. A tradição muitas vezes atribui tal postura ao imperador. Elogia-se o mesmo quando este é suave e amoroso com os seres humanos. Por vezes, os filósofos estoicos acusam as pessoas que mantêm tal postura de uma condescendência excessiva. A palavra *suave* tem a ver com a ideia de *moer*[2]. A pessoa

---

2. Em Alemão a palavra suave, ameno [mild] provém de *mahlen* [moer].

suave foi moída e triturada no moinho da vida; passou por experiências dolorosas e tornou-se mais suave através das mesmas. Mas as palavras tenuidade, maleabilidade e suavidade desde sempre também evocam na palavra grega *chrestotes* a ideia de eficiência e coragem. A pessoa mais suave enfrentou corajosamente os conflitos de sua vida, permitindo que estes a tornassem mais aberta para a postura da bondade e da suavidade. Não se desmancha em suavidade, e sim é eficiente. Vence a vida a partir de uma postura de bondade. Sua bondade é uma força que cria algo bom, mesmo perante forças negativas.

Ser bondoso é a postura que Paulo coloca ao lado da bondade: a *agathosyne*. Em última instância, significa algo parecido. A palavra refere-se à pessoa que pretende o bem, que tem algo bom em mente, que pensa algo bom do outro. Enquanto *chrestotes* se refere mais à capacidade de ser suave e bom e de criar ao mesmo tempo algo bom, *agathosyne* descreve a pessoa que pretende o bem, que é íntegra e cujas intenções são boas. As duas posturas representam fontes das quais podemos nos abastecer. Quem enxerga os outros através da suavidade e da bondade não permite que os erros destes o bloqueiem. Parte do bem e nele acredita, mesmo quando se decepciona repetidamente. O fato de acreditar que existe algo de bom em cada pessoa faz com que este lado se revele. Cria o bem, pois reconhece a sua existência em cada pessoa.

Para Paulo a *fidelidade* seria o próximo fruto do espírito. Vem após a bondade e o ato de ser bondoso. Trata-se da *pistis*. Além de fidelidade, *pistis* também pode significar fé e confiança. Não se refere necessariamente à fé em Deus, e sim à atitude de se julgar capaz e de confiar, posturas estas que deveriam nos determinar em tudo que fazemos. Enfim, trata-se da virtude da fidelidade e da integridade. A palavra alemã fidelidade vem de estabilidade. Quem atua orientando-se na virtude da fidelidade sente-se estável.

Quando estamos mais estáveis, não gastamos tanta energia como quando pensamos o tempo inteiro sobre o que fazer e a quem prestar auxílio. A pessoa mais estável não necessita empenhar-se constantemente pelo seu ponto de vista, nem defender o mesmo. Apoia-se em si mesma. Encontra-se em seu centro e age a partir do mesmo. A fidelidade, portanto, também está associada às ligações que estabelecemos; ela me liga às pessoas para as quais trabalho, à tarefa que cumpro. A fidelidade confere àquilo que faço um tom de naturalidade e clareza. Não preciso me decidir sempre de novo. Assumo a mim e às pessoas nas quais invisto. E assumo a tarefa para a qual Deus me escolheu. Quem assume as pessoas e a sua tarefa com fidelidade poupa muita energia. Energia esta que outros desperdiçam repensando as suas ações. A fidelidade une, mas também liberta e, deste modo, a alma se renova.

Assim como a fidelidade, *a confiança* também constitui uma fonte importante da qual nos abastecemos. Quem de tudo desconfia, gasta a sua energia controlando tudo. São Bento exigia que o abade fosse menos desconfiado, caso contrário jamais encontraria a paz. A pessoa desconfiada quebra a cabeça sobre o que as pessoas possam estar tramando contra ela; gasta muita energia defendendo-se contra as supostas más intenções dos outros e luta constantemente contra as suas próprias construções fantasiosas, ao invés de se entregar para a vida. Fato é que aquele que acredita precisar controlar tudo, certamente perderá o controle sobre a sua vida. Talvez acredite que tem que controlar os seus sentimentos, mas perde a postura nos momentos mais inadequados, revelando quanto esterco emocional se encontra por trás da fachada do controle. Quem deseja controlar a empresa em que trabalha provoca tantos movimentos antagônicos que precisa empenhar-se o tempo inteiro para freá-los. A contabilidade talvez não lhe passe todas as informações ou então os funcionários se recolhem no sentido de proteger a sua privacidade. Quem se abastece da fonte da confiança desperdiça menos energia ao dirigir uma empresa. E passa uma impressão mais tranquila e serena durante o seu trabalho cotidiano. A confiança o ajuda a poupar muita energia na convivência com os outros, assim como no âmbito particular e na família. Não olha de modo desconfiado para a esposa e seus filhos. Abre mão de querer controlar tudo. Diz sim internamente e se sente grato por ter família e amigos, sem desconfiar o tempo inteiro de suas intenções.

A *amabilidade*, a *praytes*, é a próxima fonte mencionada por Paulo. O exegeta Heinrich Schlier descreve tal postura como um "comportamento suave, não agressivo nem desordeiro, e sim, benigno e pacífico em relação ao próximo". A língua grega profana diferencia o ser humano amável daquele com caráter rude e duro. O filósofo estoico Epicteto percebe a amabilidade como uma serenidade calma e suave que não se torna "amarga ou agressiva diante de situações desagradáveis, quer se trate de pessoas ou destinos". Não se refere, no entanto, a uma aceitação passiva, e sim a uma serenidade superior, proveniente de sabedoria interior. Segundo Platão, trata-se de uma marca da pessoa nobre e culta. Os filósofos consideram a amabilidade um adorno da alma, principalmente no caso dos imperadores, mas também quando se trata de mulheres. Por outro lado, não devemos limitar tais características ao sexo ou *status* social.

O psicólogo-monge Evágrio Pôntico descreveu a amabilidade como a marca do monge verdadeiramente espiritual. Percebe a amabilidade principalmente em Jesus e Moisés. Neste sentido, escreve a seguinte carta: "A escritura louva unicamente o fato de Moisés ter sido mais amável que todos os outros humanos... Procuremos adquirir a amabilidade daquele que nos disse: Aprendam de mim, pois sou amável e humilde de coração, para que Ele nos ensine os seus caminhos, vivificando-nos no Reino dos Céus" (carta 56). Evágrio diz que aquele que adquire a amabilidade será vivificado por Cristo no Reino dos Céus. Parece que isto significa que a pessoa amável será vivificada por uma fonte interior. A fonte borbulha lá onde Deus a habita, onde se libertou das influências de suas próprias emoções negativas e dos pensamentos de outras pessoas. Não devemos nos enganar: quem acredita que pessoas amáveis transmitem apenas fraqueza e medo ao invés de força, encontra-se equivocado. Na realidade ocorre o contrário. A pessoa amável não se irrita com toda e qualquer pessoa que se posiciona contra ela. Não é sensível à crítica. Não se diminui diante da queixa do outro. Consegue encarar a crítica sem se sentir pessoalmente ofendida. A palavra alemã "suave" vem de centrado[3]. Designa uma pessoa que convive pacificamente com os outros, mas principalmente consigo mesma. Encontra-se tão centrada internamente, que tudo nela se "encaixa". Quem alcançou tal estado "harmonioso" desperdiçará menos energia com atritos. Deste modo, a pessoa amável pode seguir um objetivo de forma consequente. A amabilidade significa a coragem de realizar, a partir de um equilíbrio interno e de modo sereno e amável, aquilo que foi reconhecido como adequado. A pessoa amável, no entanto, jamais tentará se impor de forma violenta,

---

[3]. A palavra alemã *sanft* [amável] vem de *sammeln* [colher] que também possui o sentido de centrar-se.

passando por cima dos outros. A longo prazo, o seu modo consequente de ser terá muito mais efeito do que as ações bruscas e violentas.

O *autodomínio* é a próxima fonte do Espírito Santo na sequência de Paulo. O significado da palavra *enkrateia* descreve a postura da abstinência, do autocontrole e da disciplina. Essa postura é uma dádiva, constituindo ao mesmo tempo uma tarefa. Paulo se baseia no exemplo do atleta quando afirma que precisamos sempre nos exercitar. A abstinência é um conceito fundamental da filosofia grega. *Enkrates* é um homem que possui domínio e poder sobre algo, mas principalmente sobre si. A filosofia estoica valorizava predominantemente a imagem ideal do homem livre, autossuficiente, que não era dominado por nada, e sim dominava tudo com liberdade, sentia-se livre diante de seus instintos e necessidades. Paulo indica que a pessoa espiritualizada recebe tal liberdade de Deus. Não precisa lutar contra os seus instintos e necessidades. Sente-se livre diante destes, pois permite ser guiado pelo espírito. Às vezes, quando nos referimos ao autodomínio, também falamos em disciplina ou castigo. Trata-se de uma noção um pouco antiquada[4] que provém da palavra puxar[5]. Tal postura é realizada por aquele que guia a si mesmo, que leva, puxa a si próprio para onde deseja, ao contrário da pessoa que é levada pelos outros, incapaz de se defender. O autocontrole e a disciplina constituem uma fonte vital. Quem delas se abastece terá mais facilidade de levar a sua vida com equilíbrio. Não precisa lutar sempre e novamente contra as suas necessidades, seus afe-

---

4. Em alemão utiliza-se a palavra *Disziplin* como também *Zucht* para disciplina. Zucht é uma expressão antiquada que se encontra associada às ideias de zurzidela e penitência.
5. A palavra *Zucht* [disciplina] vem de *ziehen* [puxar].

tos ou fraquezas. Encontra-se livre para se dedicar àquilo com que é confrontado e que o desafia. Tanto a filosofia estoica quanto Paulo não consideram o autodomínio algo forçado. Para eles, o ideal não é a pessoa que cerra os dentes e reprime todas as emoções e paixões com as quais é confrontada, e sim aquela que possui liberdade interior e consegue distanciar-se de seus instintos. Não se trata de repressão, pois a repressão apenas me deixa mais fixado em relação àquilo que tento eliminar de modo violento. Trata-se muito mais de ter domínio sobre si, moldar a sua vida por conta própria ao invés de permitir que seja determinada por necessidades. Todavia, tenho êxito apenas quando olho para os meus instintos e paixões e lido com eles de forma livre. Quem se deixa dominar por suas paixões perde a sua força interior. Não vive a partir da força com que Deus o presenteou. Não se encontra "conectado com a força = *enkrateia*", e, sim, está sob o poder de outras forças que lhe roubam a sua própria força. Quem se apodera de si mesmo possui a força para moldar as coisas ao seu redor da forma que deseja.

Virtudes e valores

Conforme mencionado diversas vezes, todas as virtudes são fontes das quais podemos nos abastecer. Os latinos não julgavam as virtudes necessariamente como exigências que precisam ser preenchidas pelo homem, e sim dádivas divinas. Estas, porém, devem ser realizadas por cada um de nós. Poderíamos também dizer que as virtudes representam fontes de força para os romanos, segundo as quais a nossa vida se edifica.

Muitas vezes chamamos as virtudes de valores. Valores tornam a nossa vida valiosa, transmitem-nos real dignidade. A palavra inglesa para valores *values* vem da expressão latina *valere* que significa: estar saudável, sentir-se bem, estar forte. Desta forma os valores são fontes que nos fornecem força para que possamos levar a nossa vida adiante. Quando compreendemos as virtudes e os valores enquanto fontes de força, estes perdem o ranço moralista, tão presente nos séculos passados. Tornam-se algo valioso, algo que nos fortalece para que possamos enfrentar a vida. Tornam-se igualmente fontes que nos abastecem com bem-estar e saúde.

Anteriores aos nove frutos mencionados por Paulo na Carta aos Gálatas, são as quatro virtudes cardinais, descritas pelos filósofos gregos Platão e Aristóteles. São elas: justiça, coragem, medida e inteligência. Para os gregos, representam a essência da verdadeira condição humana. O ser humano deve realizar essas quatro virtudes fundamentais no seu caminho de autorrealização. Ao mesmo tempo, as virtudes constituem forças que estão a nossa disposição para que a nossa vida tenha êxito. São chamadas de virtudes cardinais desde Aristóteles. *Cardo* refere-se a gonzo, a condição prévia para que possamos abrir ou fechar uma porta. O acesso ao nosso potencial interno, a fluidez e a efetividade de nossas forças dependem das virtudes cardinais. Tomás de Aquino assumiu essas quatro virtudes e as incluiu em sua concepção cristã de mundo. A filosofia grega as considerava uma forma de desenvolver a riqueza de nossa alma e de nos conduzir até o nosso verdadeiro eu. Poderíamos compreendê-las também como fontes das quais necessitamos abastecer-nos para que nossa vida tenha êxito.

Segundo Platão, a *justiça* é adquirida por aquele que estabeleceu o equilíbrio entre as três partes da alma (*nous* = espírito; *thymos* = consideração e honra pessoal; *epithynia* = desejo). Para Platão, a justiça constitui primeiramente uma característica da alma. A pessoa justa é aquela que faz jus ao seu próprio ser, que dedica uma atenção adequada a tudo que nele existe. Aristóteles, aluno de Platão, considera a justiça uma virtude social. A pessoa justa é aquela que intercede por dois grupos rivais ao mesmo tempo, sem considerar os seus interesses pessoais. Julga de modo justo, concedendo a cada um o que lhe é direito. Os romanos compreendem a justiça segundo o princípio *suum cuique* = cada um com o seu. Justo é aquele que permite que o outro realmente seja outro, confirmando a sua particularidade, auxiliando-lhe na busca daquilo que é de seu direito. Na Idade Média, a justiça sempre foi representada por uma mulher segurando uma balança e uma espada. Seus olhos encontram-se vedados. Não permite que a ceguem, ao contrário, toma as suas decisões sem olhar para a pessoa. Considera tanto o assunto como também o ser humano com todas as suas particularidades.

A pessoa justa cria clareza em volta de si. Não sente necessidade de estratagemas para lidar com os mais diversos pontos de vista. Essa espécie de clareza interior poupa energia. Pessoas justas são uma bênção para a comunidade. Intuem o que é certo. São independentes e livres. Transmitem bem-estar. Orientam-nos. A pessoa justa faz jus à realidade e às pessoas. Vive de acordo com a realidade. Não desperdiça a sua energia lutando contra a realidade. Ordena as coisas de forma adequada e harmoniosa. Quem concede às pessoas aquilo que lhes é de direito, permanece livre das desavenças fruto de intrigas, que consomem a energia de grupos e estados. Quem se compromete com a virtude da justiça perceberá a mesma como uma bússola que guia as suas ações, como fonte clara que fertiliza tudo que faz.

Originalmente a *coragem* era a virtude dos soldados. Os filósofos gregos, no entanto, também reivindicaram tal virtude para si. A pessoa corajosa é aquela que assume a si mesma e que persegue de modo consequente aquilo que reconhece como certo. Quem é corajoso não muda de opinião em função de seus conflitos. Luta por aquilo que lhe parece certo. A palavra alemã coragem *tapfer* tem diversos significados: firme, pesado, de peso, militante, audaz, efusivo. Quem é corajoso não se deixa derrubar facilmente. Encontra-se firmemente enraizado e transmite estabilidade. Não se esquiva dos conflitos com os outros. A sua opinião pesa. O corajoso está disposto a brigar; no entanto, não é um "embusteiro". Briga para esclarecer os fatos. Briga a favor da vida. O corajoso é audaz. Audácia tem a ver com "saber e sabedoria". O corajoso não entra simplesmente na briga. Primeiramente torna-se ciente e sábio e só então está disposto a brigar por algo. E é efusivo. Luta de coração. Não é guiado por princípios abstratos, e sim por seu coração vivo e caloroso.

A coragem igualmente se revela através da paciência com a qual suportamos a dor e o sofrimento. Coragem tem a ver com resistir. Não nos esquivamos da vida e de suas exigências. Não nos esquivamos daquilo que nos acomete. São Bento considerava tal atitude uma virtude especialmente importante para o monge. O monge não foge do confronto com os demônios, das paixões e emoções que lhe assaltam. Permanece centrado e resiste. Tomás de Aquino considera a paciência uma parceira importante da coragem. Segundo a formulação de Josef Pieper, ela consiste em "não permitir que as feridas que adquirimos quando pretendemos realizar o bem nos roubem a alegria e a transparência da alma". E, para Hildegard von Bingen, a paciência representa "o pilar que a tudo resiste".

O modo como Tomás de Aquino e Josef Pieper, autor que transmite a filosofia escolástica para os tempos atuais, descrevem a coragem, faz-nos intuir que essa virtude também representa uma fonte importante da qual podemos nos abastecer. A questão, no entanto, é se essa fonte nos é simplesmente dada ou se podemos conquistá-la. Os gregos sempre percebem as duas possibilidades. A virtude constitui uma fonte de força que recebemos de Deus e uma atitude que conquistamos à medida que trabalhamos e construímos a imagem que Deus escolheu para nós. Quando nos empenhamos pela virtude da coragem, esta nos presenteará com a força de que necessitamos para enfrentar a vida. Não fugiremos de todo e qualquer conflito. Não os vivenciaremos como uma exigência que nos rouba toda força. Pelo contrário, a coragem nos estimula a enfrentarmos os conflitos e a crescer a partir destes.

A virtude da medida certa é a terceira virtude cardinal. Primeiramente ela exige que eu reconheça a minha medida, pois, somente depois, serei capaz de viver de acordo com ela. Todo ser humano possui determinadas predisposições, um potencial de forças e habilidades. Reconhecer a minha medida própria significa sondar do que sou capaz e quais as minhas possibilidades. Quem não vive de acordo com a sua medida, adoece. A pessoa desmedida se sobrecarrega e vive em desarmonia consigo mesma. Na língua grega tal virtude é denominada *sophrosyne* = sensatez que ordena. Os latinos falam da *temperantia*. *Temperare* significa ordenar de modo adequado, unir, refrear, resguardar-se. Portanto, tal virtude exige que ordenemos a nossa vida de acordo com o nosso ser e a nossa medida, *mensura*. O objetivo da medida certa é a serenidade da alma, o equilíbrio interno, estar em harmonia consigo mesmo. Alcançarei tal estágio, no entanto, apenas à medida que ordeno meu mundo interno de forma adequada.

Na Idade Média a medida era uma virtude cavalheiresca que exigia muita disciplina. Disciplina significa a arte de assumir a própria vida e ordená-la de acordo com a minha personalidade interior. Quem reconhece a sua própria medida, unirá a sua força e concentrar-se-á em seus objetivos. Tal atitude exige abrirmos mão de tudo o que excede essa medida. Para os gregos a moderação encontra-se ligada ao belo. Quem conhece a sua medida não se sobrecarrega, mas também não vive aquém de suas capacidades. A medida certa não é a mediania, e sim, o reconhecimento daquilo que corresponde ao meu ser e a disponibilidade de viver de acordo com este ser. Quem vive de acordo com a sua medida jamais irá esgotar a sua fonte interior. Esta o abastecerá sempre. No entanto, jamais encontramos a nossa medida de uma vez por todas. Devo experimentar sempre e novamente a minha medida. Quando estou amargo, eu a excedi. Quando me encontro internamente sem forças, ainda não a encontrei. A medida também está relacionada com uma tensão saudável. A tensão cria energia. Devo experimentar constantemente que medida é adequada para mim. Atualmente, muitas pessoas não encontram a sua medida, pois temem o estresse. A psicologia contemporânea fala de "Eustress". Não existem apenas tensões que adoecem, e, sim, também aquelas benéficas que produzem vida e energia. A falta de tensão faz com que o meu fluxo interno de energia seja interrompido. A vida de quem não sente mais nenhuma tensão interna torna-se um fardo. Tal pessoa se encontra totalmente inativa. O simples fato de viver torna-se extremamente exaustivo. Deste modo, achar a medida certa também significa encontrar a tensão que produz energia em mim. Tanto o excesso de tensão quanto a falta da mesma são nocivas. O que conta é a medida que Deus escolheu para mim. Para encontrá-la preciso ir até o limite da medida. Caso contrário sempre a subestimarei.

A *prudência*, a quarta virtude cardinal, refere-se à capacidade de descobrir aquilo que é adequado para mim e para os outros, aqui e agora. Segundo Tomás de Aquino, a prudência sempre pressupõe o reconhecimento do bem. Excede o simples saber e encontra-se sempre ligada à ação. Para Aristóteles, a prudência constitui a condição prévia para todas as virtudes. Ele a considera o guia das virtudes. Primeiramente preciso reconhecer a realidade de forma correta, pois, somente assim, poderei agir adequadamente. A prudência reconhece os meios necessários para que a nossa vida tenha êxito. É criativa. Reconhece as exigências de cada momento através das quais podemos ir adiante – interna e externamente.

Santo Tomás de Aquino associa a prudência (*prudentia*) com providência (*providentia*). E Pieper a descreve da seguinte maneira: "Quem é prudente consegue enxergar além da situação atual e avaliar se 'uma determinada ação realmente constitui um caminho para realizarmos um determinado objetivo'". A palavra alemã prudente [*klug*] significa fino, delicado, gracioso, culto, desenvolto, corajoso, efusivo. A pessoa prudente não pensa apenas com o intelecto, e sim com o coração. Aproveita de coração as oportunidades oferecidas a ela. Percebe sutis diferenças, invisíveis para um espírito menos sofisticado.

Além disso, a prudência nos poupa de erros desnecessários. Jesus elogia o homem prudente que construiu a sua casa em uma rocha. Esse homem sabe o que realmente conta. Age de modo pensado. Constrói a sua casa em terra estável. Deste modo, as tempestades da vida não o destroem. Jesus elogia a prudência do administrador injusto, que avalia a sua situação de modo adequado agindo de acordo com as suas possibilidades. Da mesma forma, ele compara as virgens tolas, que não possuem objetivos maiores, com as virgens prudentes, que se garantem. Preocupam-se em conseguir óleo suficiente, mesmo que isto implique uma espera maior. Os três exemplos revelam o quanto a prudência nos ajuda a lidarmos de modo mais adequado com a vida. As virgens tolas gastam muita energia, precisam retornar ao vilarejo durante a noite para comprar óleo. E se atrasam. O homem tolo constrói a sua casa em cima da areia. Para construir a sua casa, precisa investir a mesma quantidade de força que o homem prudente. Mas qualquer tempestade derruba a sua casa e todo o seu esforço foi em vão. O homem prudente lida de modo mais cuidadoso com a energia que recebeu de Deus. Por não gastá-la, terá sempre um estoque suficientemente grande para abastecer-se. A sua fonte não resseca, pois a avalia de forma razoável.

Sentido e orientação

Muitos experimentam a sua vida como algo cansativo e árduo, pois não reconhecem o sentido da mesma, não sabem o que realmente querem. O psicólogo judeu Viktor E. Frankl percebe a dimensão espiritual como um fator de saúde e doença. Considera a falta de sentido como uma das razões mais frequentes da neurose e, neste sentido, fala de uma neurose noógena. Durante a sua permanência no campo de concentração, Frankl experimentou, de modo terrível, na própria pele, o quanto o sentido de nossa vida pode ser ameaçado. Sobreviveu à falta de sentido do campo de concentração por ter descoberto um sentido próprio para a sua vida.

Atualmente, cada vez mais pessoas que vivem em contextos bem menos extremos questionam-se por que vivem e qual o sentido de sua vida. A falta de sentido rouba-lhes toda e qualquer energia. Faz as suas fontes interiores ressecarem por completo.

Durante as minhas consultas, deparo-me frequentemente com pessoas que se queixam de seus contínuos fracassos. Tentam diversas coisas, porém, por não terem um objetivo claro, não conseguem permanecer no caminho que escolheram. Mal sabem se ele as levará adiante. Desejam realizar objetivos mais imediatos, como uma formação profissional, um curso universitário ou uma relação conjugal, contudo não sabem se realmente desejam tal profissão ou o que fazer com o curso universitário. Desejam casar-se, duvidam, no entanto, se combinam com o parceiro ou a parceira em questão. Atualmente, cada vez mais pessoas sofrem desse tipo de falta de orientação. Seguem um determinado caminho, mas não sabem se desejam continuar com o mesmo. Logo que surgirem os primeiros obstáculos, perdem a energia, porque não possuem motivação para continuarem lutando. Questionam-se se vale a pena viver e se esforçar.

Algumas pessoas não enxergam o sentido de sua vida por serem demasiadamente exigentes consigo mesmas. Sentem-se impotentes diante da atual condição do mundo e não sabem como interferir. Sozinhos não têm nenhuma chance de criar a paz mundial. Fixam-se nos problemas do mundo e acreditam ser em vão lutar contra os mesmos. Deste modo não veem o sentido que poderiam dar a sua própria vida. Não encontro o sentido da minha vida modificando o mundo, porque isso consiste, primeiramente, no ato de viver a vida única com que Deus me presenteou. Devo cravar o meu caminho pessoal neste mundo. Cada um de nós se levanta de manhã e encontra pessoas, conversa com elas e olha para elas. Cada um de nós irradia algo especial. Cada um de nós influencia o ambiente com a sua voz e suas palavras. O que desejamos transmitir para o meio que nos circunda? Primeiramente, devemos refletir sobre isso. Deste modo, contribuiremos para um mundo mais humano. O desempenho não se encontra em primeiro lugar, e sim a harmonia. Cada ser humano é único. O sentido da minha vida não consiste, em primeira linha, em criar algo grandioso. Devo sim viver de modo autêntico aquilo com que Deus me presenteou para que se torne fértil para este mundo. Ao encontrar o sentido de minha própria vida tornar-me-ei suficientemente forte para interceder por este mundo no sentido de torná-lo mais humano. Para reconhecer a minha tarefa neste mundo devo considerar primeiramente a minha história de vida pessoal e as minhas tendências. Devo encontrar a minha medida e reconhecer a minha vocação. Terei sucesso à medida que ouço a minha voz interior, observando onde me sinto vivo, onde flui a minha energia, onde meu coração se torna mais amplo. Quais alternativas me proporcionam paz e alegria? Toda pessoa possui uma determinada vocação para viver a sua vida contribuindo, deste modo, para um mundo que corresponda mais ao desejo primordial da criação divina.

Conheço pessoas que citam as mais diversas possibilidades passíveis de serem realizadas em suas vidas. Mas sempre encontram obstáculos e dúvidas. Não sabem se vale a pena esforçar-se para terminar a faculdade. Duvidam se devem realmente comprometer-se com determinado homem ou mulher, ou se preferem esperar o homem ou mulher de seus sonhos. Esse tipo de insegurança as paralisa. A consequência disso é que percebem a vida como demasiadamente cansativa. Porém, olhando de fora, as coisas poderiam ser diferentes. Têm uma boa condição de vida, possuem dinheiro e saúde. A falta de sentido, no entanto, rouba-lhes toda e qualquer vontade de viver. Não conseguem se decidir, não se engajam. A sua dúvida impera. Nada lhes confere sentido, nada lhes indica um caminho. Deste modo não são capazes de realizar a sua vida. A sua energia evapora sem direção e objetivos.

A psicologia pessimista de Sigmund Freud afirma não haver um sentido para a vida. "O sentido da vida não existe. Quem pergunta pelo sentido da vida está doente!" A logoterapia de Viktor Frankl, no entanto, aposta no sentido da vida enquanto força curativa. Contudo, Frankl não nos fornece uma resposta absoluta como, por exemplo, a tradição cristã, que considera o reconhecimento de Deus, isto é, a deificação do ser humano, como o sentido da vida. Alfred Längle, um aluno de Viktor Frankl, entende por sentido "uma forma especial que conferimos a uma determinada situação". Frankl está convencido de que a falta de sentido adoece o homem. Por isso o homem deve perguntar pelo sentido de todas suas ações. Quando é confrontado com doenças e sofrimentos, pergunta de modo intenso pelo sentido das coisas. Frankl descreve as três "vias principais que conduzem ao sentido". Trata-se do valor das experiências, da criação e da atitude. Quando vivencio algo com intensidade, como por exemplo a beleza de uma flor ou a harmonia de uma sinfonia de Mozart, tal experiência encontra-se repleta de sentido, mesmo quando não me questiono a respeito disso. Quem experimenta a vida com todos os seus sentidos perceberá a mesma repleta de sentido. Isto, porém, também significa que devemos assumir a nossa vida, conferindo-lhe forma, lidando de modo criativo com a mesma. Mas não se trata de provar grandes feitos. Viktor Frankl refere-se exatamente a isto quando diz: "O romance vivenciado por alguém representa um esforço criativo muito maior do que o romance escrito por alguém". A Bíblia expressa o valor criativo do ser humano através da imagem da missão. Deus envia o ser humano para o mundo, para que ele dê forma ao mesmo e cuide dele. A vida adquire sentido apenas quando o ser humano reconhece e cumpre a sua missão neste mundo. Quando uma pessoa se sente impotente diante do seu destino – uma doença incurável ou a morte de um ente querido – o sentido de sua vida dependerá da atitude a partir da qual suporta o que lhe acomete e também de sua reação. Não se trata de uma atitude preestabelecida. Posso determiná-la. Posso procurar por uma atitude que me ajude a lidar com a minha vida em família, o meu trabalho, a minha doença e os meus conflitos.

Quem não encontra nenhum sentido pessoal perde a energia. O sentido nos motiva. Traz movimento. A consideração de um determinado objetivo produz energia. Às vezes me assusto durante as minhas consultas quando percebo o quanto algumas pessoas são passivas. Falam de si, no entanto, desconectadas de um contexto maior. Sofrem. Não sinto, contudo, que estão dispostas a assumirem a própria vida. Ninguém pode determinar o sentido da vida do outro. Cada um precisa encontrar o seu. Toda situação, porém, tem sentido. Preciso apenas abrir os olhos e me disponibilizar a lidar com ela de modo ativo. O sentido que atribuo à minha vida como um todo e à situação que vivo mais concretamente me fortalece, fertiliza e vivifica a minha vida. Quando não percebo nenhum sentido, perco o acesso a tal fonte. Permanecerei sem rumo, sem encontrar as possibilidades vivas que borbulham diante dos meus pés.

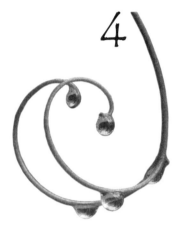

O caminho espiritual

As reflexões anteriores revelaram o quanto é benéfico nos abastecermos de fontes claras. Porém, continua a questão sobre como acessarmos as mesmas. A tradição espiritual nos indica os diversos caminhos que nos conduzem ao fundo de nossas almas. Lá, no fundo de nosso mundo interior, borbulha a fonte do Espírito Santo que desemboca nas fontes isoladas de nossos valores e virtudes.

Em última instância, o objetivo de todos os métodos e caminhos espirituais é de nos aproximar dessa fonte interior. Mas a oração e a meditação, a missa e os rituais, a leitura das escrituras sagradas e o silêncio não são apenas caminhos para a fonte. Ao contrário, elas mesmas são uma fonte da qual podemos nos abastecer. Após meditarmos durante meia hora sentimo-nos mais fortalecidos e vivos. Não se trata, porém, apenas dos caminhos que percorremos, e, sim, também daqueles nos quais Deus nos acompanha. O fato de experimentarmos Deus na natureza ou durante a oração não é fruto de nosso esforço pessoal. É sempre um presente da graça divina. Deste modo, a graça e a experiência de Deus constituem uma fonte importante que fertiliza e vivifica a nossa vida.

Palavras repletas de espírito

A Bíblia representa uma fonte vital para muitos cristãos. Estes a leem diariamente, experimentando através dela consolo e força. Para algumas pessoas, determinadas palavras sagradas tornaram-se as suas prediletas e as acompanham por toda uma vida. Muitas vezes trata-se das palavras do batizado ou da primeira comunhão. Ou então um salmo ao qual sempre retornam. Quando perguntei a Maria, que trabalhou no nosso departamento de administração e sofria de câncer, quais as palavras sagradas que haviam se tornado importante para ela, mencionou espontaneamente o Salmo 23: "O senhor é o meu pastor e nada me faltará". Lembrava-se desse versículo sempre quando não se sentia bem. Diante de sua morte reconheceu a fonte da qual havia vivido. E mencionou como outra fonte o início de uma canção que medita em cima da palavra de Jesus: "Sigam-me, diz Cristo o nosso herói". Essa canção fala da cruz que cada um precisa carregar. Poderíamos interpretar tais palavras mais no sentido de uma ameaça. Para essa mulher, no entanto, significavam consolo. Quando os seus planos pessoais eram derrubados pelos golpes do destino, tal canção lhe oferecia apoio. Essas palavras lhe davam força para não desistir diante do câncer, e, sim, lutar contra a doença.

Uma terapeuta, muito experiente no seu trabalho com pessoas feridas, revelou que a Segunda Carta aos Coríntios havia se tornado cada vez mais importante para ela: "A minha graça te basta, porque o meu poder se aperfeiçoa na fraqueza" (2Cor 12,9). Parece que sentiu que tais palavras tinham o potencial de desenvolverem uma força curativa para pessoas feridas. Durante a terapia ou direção espiritual muitas vezes nos colocamos sob a pressão de trabalharmos as nossas feridas psíquicas no sentido de não permanecerem quaisquer resquícios de fraqueza ou pontos sensíveis. Trata-se, portanto, de uma ilusão. O modo como São Paulo experimentou a sua própria fraqueza pode nos servir como consolo. Primeiramente, Paulo seguiu com grande devoção os mandamentos de sua religião. Quando a sua estrutura de vida desmoronou, voltou-se com a mesma força para a mensagem de Jesus. Mas parece que suas estruturas neuróticas permaneceram. Sofria de uma fraqueza que o embaraçava. Quando pregava não transmitia a segurança que desejava. Pediu que Cristo o libertasse de tal condição. Acreditava possivelmente que isto seria melhor para a sua tarefa como missionário, pois poderia propagar melhor a mensagem do Senhor. Cristo, no entanto, o julgava capaz de ser um bom propagador de sua mensagem, sendo do modo que era. É justamente em sua fraqueza que sua graça se revela. Tal história nos liberta da demanda interna de sermos tão eficazes. Ajuda-nos a fazermos as pazes com a nossa sensibilidade, nossas inibições e fraquezas, não precisando mais lutar contra nós e as nossas fraquezas. No meio de nossa impotência sentimos uma força nova que se origina de uma fonte que jamais se exaure. Através de tal consolo, a fonte do Espírito Santo atua diretamente sobre a nossa estrutura psíquica. O que conta não é apenas a minha força, pelo contrário, o espírito também se manifesta a partir de minhas fraquezas. Não se trata de vencer ou reprimir as minhas fraquezas de modo glorioso, mas sim são os meus pontos fracos que precisam ser permeados pelo Espírito Santo. O Espírito Santo muitas vezes se tornará mais presente deste modo do que através de minha força, pois ela sempre me oferece o perigo de atribuí-la ao meu ego. A minha fraqueza, no entanto, me faz permeável para o Espírito de Deus.

Durante um tempo as palavras que Jesus disse ao enfermo representavam uma fonte importante para mim. "Levanta-te, toma o teu leito e anda". Quando comecei a dar cursos, a preparação destes me custava muita força. Refletia durante longas horas sobre como estruturar o curso e que exercícios poderia fazer. Após cada módulo, voltava a quebrar a cabeça sobre a possibilidade de tal ou tal exercício ser mais adequado ou provocar mais efeito nas pessoas. Hoje, sei que naquele momento não estava tão preocupado em achar um conceito autêntico, e, sim, com a impressão que poderia causar nos outros. Queria agradar a todos. Tinha a ambição de os participantes aprovarem o meu curso, por isso pressionava a mim mesmo a obter o máximo de êxito. Isto me custou muita força. Neste sentido a frase de Jesus me ajudou. Às vezes não sabia direito o que fazer antes de um módulo. Naturalmente havia pensado em algumas alternativas, mas parei de pensar sobre qual a melhor alternativa. Dizia a mim mesmo quando entrava na sala do curso: "Levanta-te, toma o teu leito e anda". Deste modo, confiava no meu primeiro impulso. As palavras que Jesus disse ao enfermo libertaram-me da pressão de realizar sempre tudo da melhor forma possível. Meus impulsos agora não se originavam mais apenas da minha cabeça e da necessidade de fazer tudo bem e certo, e, sim, de uma profundidade mais ampla. Essas palavras me puseram em contato com a fonte interior. Desde lá os meus cursos são bem menos tensos para mim, e acredito que tal serenidade também influencia os participantes, libertando-os da pressão de ter que achar sempre "tudo uma maravilha".

Considero a Bíblia uma fonte inesgotável. Apesar de já ter meditado várias vezes sobre os mesmos textos, descubro sempre algo novo. E, dependendo de meu estado emocional pessoal, uma palavra já um tanto familiar para mim, de repente, volta a me atingir. Sinto que não são apenas palavras com alto valor poético, e, sim, palavras repletas de espírito que doam vida. O salmista expressa tal fato quando reconhece: "Vossa palavra é um facho que ilumina meus passos, uma luz em meu caminho" (Sl 118,105). Naturalmente necessito do Espírito Santo para compreender as palavras da Bíblia e para que estas se tornem uma luz para a minha vida. Jesus nos prometeu o Espírito Santo, pois desejava que este nos ensinasse a compreender tudo aquilo que disse (Jo 14,26). O Espírito Santo é o espírito da verdade que nos conduz à verdade em sua totalidade (Jo 13,16). Através dele compreendo a palavra de Jesus de modo pleno; os meus olhos se abrem e, de repente, tudo se torna mais claro. Muitas vezes quando não sei como dar cabo à conversa com alguém que procura por ajuda, me vem uma palavra da Bíblia. Ela ilumina a escuridão e indica um novo caminho que eu não teria descoberto por conta própria. Por outro lado, devo exercitar-me a viver com as palavras da Escritura, relê-las constantemente e meditar sobre as mesmas para que possam penetrar-me profundamente, marcar-me internamente e inspirar-me para a vida.

Meditação e oração

A tradição espiritual sempre considerou a meditação um meio eficaz de encontrar o nosso centro e descobrir neste a fonte do Espírito Santo. Consideraram a respiração o caminho para a profundidade. Na tradição cristã, a respiração foi associada a uma passagem da Bíblia ou então à palavra de Jesus: "Senhor Jesus Cristo, filho de Deus, seja piedoso comigo!" Quem repete tal palavra no ritmo de sua respiração experimentará a sua respiração tal como uma furadeira que perfura o cimento que o separa de sua fonte interior. Por vezes, a furadeira fica presa no cimento e, nesse caso, a meditação é apenas superficial. Mas quando a respiração, juntamente com a palavra, nos conduz à profundidade interior, podemos intuir a presença da fonte que jamais resseca. Quando expiramos, entramos em contato com a fonte interior. Durante a inspiração, por sua vez, a água refrescante, que ao mesmo tempo clarifica e purifica, emerge das profundezas e flui para o corpo e a alma.

A tradição dos monges conhece duas formas de meditação: a assim chamada *ruminatio* e a *lectio divina*. Durante a *ruminatio* (ruminação), conectamos a respiração com uma palavra e nos concentramos na respiração para que esta nos conduza cada vez mais para as profundidades da alma, que abrigam a fonte borbulhante. A palavra, pronunciada em voz baixa a cada respiração, prende o espírito para que ele não se perca. E destranca a porta para o reino interno do silêncio onde Deus vive em nós. É neste lugar do silêncio e da ausência de palavras que tomamos consciência que existe uma fonte em nós, que, por ser divina, jamais secará. Por mais que nos doemos, não nos exaurimos enquanto estamos em contato com esta fonte interior.

Durante a *lectio divina* (leitura divina, leitura das Escrituras) lemos a Escritura de um modo que faz as palavras nos penetrarem cada vez mais profundamente e tocarem o nosso coração. A meditação, neste sentido, significa experimentar e sentir o paladar das palavras, para que elas produzam um gosto doce em nós. Sendo assim, compreendemos o que Jesus disse sobre o efeito de suas palavras: "Vós já estais puros pela palavra que vos tenho anunciado" (Jo 15,3). As palavras da Bíblia produzem clareza em nós. Aproximam-nos do que existe de puro e importante em nós. Provocam uma profunda paz interior. As palavras de Jesus também sempre provocaram a alegria no coração de seus ouvintes: "Disse-vos essas coisas para que a minha alegria esteja em vós, e a vossa alegria seja completa" (Jo 15,11). As palavras de Jesus nos conduzem à alegria que se encontra velada no fundo de nossos corações. Abastecem a nossa alegria com a alegria de Jesus que, por ser de origem divina, é inesgotável. O objetivo da *lectio divina* é a *contemplatio*. Os monges a compreendem como um estado durante o qual permaneceremos totalmente em silêncio e não reflito mais sobre as palavras da escritura. Pelo contrário, as palavras me conduziram ao silêncio. Lá é onde toco Deus e me torno um só com Ele; é onde flui a fonte divina do amor; é onde concordo com a minha vida, sinto-me preenchido pelo amor que me penetrou através da palavra de Deus e que permite a fonte do amor borbulhar em mim.

Teresa de Ávila igualmente percebe, nas pequenas orações pronunciadas por nós durante o dia, um caminho para o centro mais interno de nossa vida. As orações diárias do Pai-nosso, da Ave-Maria e do Rosário não são apenas orações externas. Quem realmente reza encontra-se sempre unido ao Espírito Santo, tomando-o como ponto de partida em suas orações. Não se trata de realizar um esforço religioso. Ao contrário, as palavras da oração devem sempre nos lembrar da fonte que existe em nós, no sentido de nos abastecermos da mesma e não da fonte turva de nossos desejos pessoais. Este também é o objetivo das breves orações como "Em nome de Jesus" ou "Com a ajuda de Deus". Estas orações curtas permitem que as pessoas sintam que existe ainda algo diferente nelas e que podem abastecer-se do mesmo. Para muitas pessoas basta sentar-se diante de Deus e se oferecer a Ele. Sentem que se regeneram no silêncio, tornando-se mais vivas e fortes.

Cassiano nos fala de um método de meditação que se apoia na capacidade da imaginação. Isso significa que ele desenvolveu, há mil e seiscentos anos, um método que a psicologia atual redescobre como eficiente. Durante essa meditação devemos imaginar como reagir de modo suave diante de ofensas. Não se trata de um propósito que podemos alcançar através de nossa vontade. Cassiano compreende a *meditatio* como o exercício de uma postura interior. Durante a meditação, imaginamos uma postura pela qual ansiamos ou que nos foi prometida por Jesus Cristo no Evangelho. Uma postura que corresponde ao seu espírito. Cassiano nos estimula a nos exercitarmos através da reflexão diária (*meditationibus*) no sentido de obtermos plena paciência. Recomenda àquele que medita: "À medida que imagina tudo que existe de duro e insuportável, reflete (*meditetur*) aflito sobre como enfrentar tais fatos de modo suave" (Coll. 19,14).

Não é fácil realizar tal ato durante a vida cotidiana. Uma irmã me contou que se aborrecia constantemente com as outras irmãs e o seu aborrecimento havia se tornado um nó que se instalou entre o seu coração e sua cabeça, separando-a de sua fonte interior. Tão logo uma irmã abria a boca para dizer qualquer coisa, ela reagia de forma agressiva. Era como se uma onda de água suja surgisse de seu mundo interior e a cobrisse. Desta forma, não sabia como reagir de modo razoável e se irritava constantemente por ceder tamanho poder à outra irmã. As indicações de Cassiano poderiam ajudá-la. Poderia imaginar estar plenamente em paz consigo mesma e em contato com as fontes interiores de calma, serenidade, paz e amabilidade. Deste modo, não seria mais possível expulsá-la de seu centro. Iria responder por si e não permitiria que outra irmã a empurrasse para uma condição onde precisa justificar e defender-se.

Gostaria de transformar aquilo que Cassiano desenvolveu em um exercício igualmente importante para os dias atuais:

Sente-se. Feche os olhos. Imagine-se sentado em sua casa, em seu lugar preferido. Você sente a respiração, como ela flui através de seu corpo. A sua respiração faz fluir a sua autoaceitação.

As coisas estão certas do modo que são. Estou comigo mesmo, em harmonia. Encontro-me em meu centro, em contato com a minha fonte interior.

Imagine em seguida: surge uma pessoa, uma pessoa na qual confia, com a qual gosta de conversar. De que modo a conversa se desenvolveria, caso você estivesse plenamente em contato com você mesmo, estando ao mesmo tempo aberto para o outro? Se estivesse livre da pressão de atender às expectativas do outro ou de manter a pose? Se percebesse o outro de modo consciente, através de seu rosto, de suas palavras, respondendo de acordo com que realmente emerge de seu coração? Então se despeça dessa pessoa. Sinta-se novamente a sós consigo mesmo.

Em seguida imagine uma pessoa que invade frequentemente o seu espaço e lhe amedronta; alguém com quem você não gosta de falar, com quem você está vivendo um possível conflito. Como seria essa conversa se você estivesse totalmente em contato consigo mesmo, não permitindo que o outro lhe impusesse as suas regras e lhe encurralasse com as suas palavras? De que modo enxergaria o outro, caso não o reduzisse ao seu comportamento agressivo, reconhecendo, ao invés disso, a saudade que o habita? Tente considerar a dignidade do outro, imaginando em seguida o que diria a ele e como falaria com ele...

Despeça-se em seguida e verifique se está completamente com você mesmo.

Esta meditação pode constituir um bom exercício para você, no sentido de fazer você reagir a partir de sua fonte interior quando se depara com situações difíceis de seu dia a dia, ao invés de permitir que o outro dite as regras. Se você se baseia apenas em sua vontade, quando deseja ser amável com todos os seus colegas, lembrar-se-á de sua intenção somente quando alguém já conseguiu tirá-lo do seu centro. No entanto, quando você alcança uma postura de maior serenidade através da meditação, o olhar crítico ou as palavras dolorosas do colega lhe lembrarão da experiência pela qual passou durante a meditação. Sendo assim se encontrará novamente em seu centro. Quando você está consigo mesmo, você não se deixa mais determinar pelo meio externo e se abastece de sua fonte interior. Reconhecerá aquilo que emerge de seu coração e que está em harmonia com você. Deste modo, o encontro com pessoas mais difíceis não lhe será tão penoso nem lhe aprisionará. Pelo contrário, você se sentirá internamente livre. Não permitirá que o expulsem de seu centro, separando-o de sua fonte.

A meditação visa conduzir-nos ao nosso centro interno. Conde Drückheim sempre associou a palavra *meditatio* com *médium* = centro. Através da meditação encontro o meu centro e, de lá, emerge a fonte do Espírito Santo. É lá que me aproximo dos meus recursos internos. Enquanto os outros me determinam, as minhas emoções são marcadas e contaminadas por estes. Cassiano compreende a meditação como purificação das emoções. Quando não desejo que a raiva, a impaciência, a inveja e/ou o ciúme tomem conta de mim, preciso purificar as emoções. A meditação como purificação da emoção constitui, assim, um caminho para a cura da alma.

A força dos rituais

Os rituais diários também representam um bom caminho para entrarmos em contato com a fonte interior.

Eles nos lembram sempre e novamente do que nos faz viver. Constituem um tempo sagrado durante o qual podemos nos sentir inteiros e completos. Conferem-nos o sentimento de que somos nós que estamos vivendo, ao invés de ser vivido pelos outros. Cada um de nós desenvolveu os seus próprios rituais. Não é possível estarmos o dia inteiro em contato com a nossa própria fonte. Necessitamos, assim, de rituais diários que nos façam parar no intuito de sentirmos o nosso próprio centro e a fonte que brota a partir deste. Quando não nos permitimos esses momentos, a fonte em nós resseca ou, então, perdemos o acesso a ela. Quem sabe podemos estimular-nos da seguinte maneira:

Neste ritual matutino você pode se exercitar fazendo o gestual da bênção. Imagine que a bênção de Deus flui através de suas mãos para os aposentos de sua casa e para as salas de seu trabalho. Você se dirigirá de outra forma ao seu trabalho; não terá mais a impressão de que as salas encontram-se repletas de discórdia e intrigas, contaminadas por emoções negativas e por aspectos sombrios reprimidos. Pelo contrário, você estará em salas onde reside a graça de Deus. Imagine-se também transmitindo a bênção às pessoas que irá encontrar, a sua família, seus amigos e colegas de trabalho. Quem sabe, você se lembrará da bênção que transmite a essas pessoas quando as encontra. O encontro certamente será diferente.

Como ritual noturno, você pode cruzar as mãos em seu peito. Imagine-se fechando a porta que conduz ao seu mundo interior, estando a sós com Deus. Através das mãos cruzadas você protegerá o espaço interno onde Deus habita. Lá dentro, no fundo de sua alma, borbulha uma fonte inesgotável. Apesar de ter dado muito de si durante o dia, você não está exaurido. A fonte continua borbu-

lhando, pois é divina. Talvez você se sinta cansado, porém não esgotado. Você sabe que a fonte também estará a sua disposição no dia seguinte.

Justo nos dias durante os quais você se sobrecarregou com tarefas, necessitará destes rituais para sentir: "Tudo que me espera, no dia de hoje, realizarei a partir desta fonte interior". Então você deixará de considerar todas essas conversas, encontros e tarefas como especialmente exaustivos. Especialmente quando tem muito trabalho, você necessita da certeza interior de uma fonte que não resseca.

Tempos de silêncio e tranquilidade

Todos nós necessitamos, de tempos em tempos, de um período de silêncio, durante o qual podemos nos recolher do ruído que nos rodeia: do ruído do trabalho, das inúmeras conversas e palestras. Cada um de nós desenvolveu estratégias diferentes de se recolher. Um passeia, o outro faz algo como um retiro, isto é, reserva para si um dia durante o qual se aprofunda e concentra espiritualmente, sem precisar atender às exigências do dia a dia. Outro já se recolhe para o seu quarto e desliga o telefone para ninguém incomodá-lo. Cada um de nós necessita da oportunidade do recolhimento para que encontre algum tipo de apoio interno, uma base firme que o sustente. O recolhimento sempre envolve um ato de autoconsideração. Poupo a mim mesmo, tenho consideração comigo mesmo para que a minha fonte interior possa fluir novamente.

Os monges antigos comparavam esse período de recolhimento e de silêncio à água que se acalma. Uma história de monges conta que três estudantes se tornaram monges. Cada um propôs a si mesmo realizar uma boa obra. "O primeiro escolheu o seguinte: desejava reconduzir à paz aqueles que estavam brigando, orientando-se pelas palavras da Escritura: A bem-aventurança será dos que zelam pela paz. O segundo desejava visitar enfermos. O terceiro foi ao deserto para lá viver em paz. O primeiro, que se empenhava por aqueles que estavam brigando, não pôde curar a todos. Tomado pelo desalento, dirigiu-se ao segundo que servia aos enfermos e percebeu que este também estava desanimado, pois também não conseguiu realizar plenamente o que planejara. Sendo assim, os dois concordaram em procurar pelo terceiro que havia ido ao deserto; falaram de suas dificuldades para ele e pediram que este lhes dissesse sinceramente se foi bem-sucedido. Ele ficou em silêncio por um tempo, despejou um pouco de água em um recipiente e pediu que olhassem para dentro do mesmo. A água, no entanto, ainda se encontrava muito agitada. Após algum tempo, pediu que olhassem mais uma vez, e disse: "Observem o quanto a água se tornou mais calma agora". Olharam para ela e viram os seus rostos como em um espelho. Em seguida, continuou: "Assim se sente aquele que permanece entre os homens; a agitação e a confusão não permitem que perceba os seus pecados. Quem, no entanto, procura pela tranquilidade e, principalmente, pela solidão, logo reconhecerá os seus erros".

Atualmente, muitas outras pessoas passam por experiências parecidas com as dos três jovens monges. Desejam empenhar-se pelos outros e ajudá-los. Percebem, no entanto, que não conseguem realizar a sua obra tal como imaginaram. Não basta apenas a vontade para realizarmos os nossos ideais. A experiência da paz interior é necessária para que nos percebamos tal como somos. Quando a água de nossa alma se acalma, é possível nos abastecermos da mesma. Podemos então realizar aquilo que pretendemos. Enquanto nos encontrarmos internamente agitados não perceberemos a energia que flui em nós. Necessitamos de tranquilidade para percebermos a força que se encontra em nós.

Muitas pessoas, atordoadas pelo barulho e pelas tensões diárias, desejam um tempo apenas para si, um oásis de tranquilidade. Em nossa abadia, sentimos o quanto as pessoas desejam recolher-se. Muitas delas procuram pela nossa casa de hóspedes para descansarem durante alguns dias. Desejam afastar-se dos ruídos do cotidiano, mergulhar na oração dos monges e no clima silencioso de um mosteiro. Isto, porém, nem sempre é agradável. Por isso também buscam por um acompanhamento espiritual no sentido de lidarem melhor com o caos interno que nelas emerge. Após alguns dias de silêncio, sentem-se novamente fortalecidas para o dia a dia. Beberam da sua fonte interior.

A experiência da natureza

Para muitos, a natureza representa uma fonte importante para o abastecimento. Após caminhar pela floresta, sentem-se abastecidos. Ou então vão ao campo e simplesmente olham a natureza, escutam o canto dos passarinhos, sentem o vento e tomam sol. Na natureza podemos ser do modo que somos. Não precisamos provar nenhum desempenho e não somos julgados. Somos acolhidos. Fazemos parte da criação. Sentimo-nos um só com ela, participamos da força que a habita e do espírito que a permeia. Na natureza posso sentir que a vida que percebo por todos os lados também flui em mim. Torno-me mais vivo e sinto que uma nova força me habita.

Muitas pessoas me contam que os animais constituem uma fonte importante de força para elas. Uma mulher é grata pelo cachorro que tem. Ele a força a passear duas vezes ao dia ao ar livre. E quando sofre, ele representa um consolo. Pois não a julga, nem a avalia. Simplesmente está com ela. Outros percebem o seu cavalo de modo semelhante. Participam de sua força quando o acariciam, o alimentam ou nele montam. Experimentam amplidão e liberdade, solidariedade e uma compreensão elementar. Uma mulher que passou a sua infância no campo contou-me que, quando voltava da escola, ia primeiro ao estábulo e contava para as vacas o que havia ocorrido. Tinha a impressão de que elas a ouviam quando dizia alguma coisa. Sentia-se acolhida e compreendida. Tratava-se de uma oportunidade importante para abastecer-se após a escola que ela experimentava como especialmente cansativa.

Pessoas ativas experimentam a sua fonte mais durante uma caminhada do que quando permanecem sentadas, em silêncio. Quando escalam uma montanha, entram em contato com a sua energia. A caminhada as aproxima novamente de sua fonte interior, principalmente quando se encontram especialmente esgotadas ou frustradas com o seu trabalho. Talvez suem durante a escalada e se cansem, mas, apesar do esforço, sentem-se internamente vivificadas. Novas forças as invadem. É como se as preocupações do dia a dia estivessem apagadas; a cabeça se torna mais livre. Outros já passeiam de bicicleta após o trabalho. Pedalando, libertam-se de tudo o que os preocupa. Usufruem da paisagem e da sua amplidão e percebem o quanto seu coração se alarga. Um homem relatou que, desde criança, andar de bicicleta representava a essência da liberdade. Nessas horas parecia que ele mesmo assumia a sua vida. Podia guiar a sua bicicleta e não era mais empurrado para lá e para cá por sua mãe e seu avô. Até hoje faz uso dessa ideia.

Muitas pessoas procuram, desde criança, a natureza de modo consciente. Queriam distanciar-se de seus pais e das expectativas e avaliações destes. Na natureza ninguém lhes exigia nada, podiam fazer e deixar de fazer o que bem entendiam. Atualmente são adultos e, quando caminham, esse sentimento de liberdade e acolhimento reaparece. Uma mulher me contou que quando criança passava horas a fio sentada na grama, sentindo-se uma só com a vida ao seu redor, com as flores, os insetos, os pássaros e o vento. A terra simplesmente a sustentava. Podia entregar-se e confiar na terra. Deitada na grama olhava para o céu e via como as nuvens mudavam constantemente de forma. Sentia-se no paraíso. Atualmente, quando vai até a natureza, busca por lugares assim. Lugares onde precisa apenas olhar, cheirar, apalpar e ouvir. Isto lhe basta. É como antigamente em sua infância. A partir da lembrança da experiência de acolhimento, liberdade e amplidão, sente-se novamente invadida pela vida que a rodeia. O espírito que permeia a criação também flui nela. É o espírito de Deus que se torna imensurável na natureza e a presenteia com novas forças.

As experiências que fazemos na natureza durante as caminhadas, quando andamos de bicicleta ou estamos deitados na grama, são curativas, pois nos reaproximam de importantes vivências de nossa infância. Desta forma tomamos consciência de que a criação de Deus nos transmite algo da inesgotável plenitude da vida da qual podemos participar. Jamais nos cansaremos. A natureza é um convite de bebermos sempre e novamente da fonte da vida.

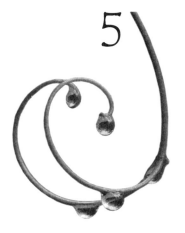

IMAGENS BÍBLICAS

Na Bíblia a imagem da fonte exerce um papel importante. Refere-se a uma experiência de valor: quando o homem encontra Deus, experimentando o seu segredo, brota nele uma fonte. Ele mesmo torna-se uma fonte para o Homem. Deste modo, um salmo diz o seguinte sobre Deus: "pois em ti está o manancial da vida" (Sl 36,9). Outras imagens nos dizem que Deus alimenta os homens com o rio de seus deleites (Sl 36,10). Deus faz as fontes borbulharem nos vales (Sl 104,10). E fez com que o Homem abrigasse a saudade pela fonte viva do amor divino em seu coração. Assim como o veado tem sede de água fresca, assim "minha alma tem sede de Deus" (Sl 42,2). E Deus transforma aquilo que existe de duro e petrificado no ser humano em "água nascente" (Sl 114,8). Aquele que ora, experimenta Deus tal como uma fonte que o refresca e vivifica e que faz seu coração endurecido fluir. Assim como nos encontramos sedentos de água fresca após uma longa caminhada, o devoto tem sede de Deus. Experimentar Deus significa encontrarmos uma fonte da qual podemos beber quando desejamos fortalecer-nos para a caminhada no deserto deste mundo. No Salmo 87 o orador canta: "Todas as minhas fontes estão em ti" (Sl 87,7). Refere-se a Jerusalém. Uma canção moderna interpreta tal passagem: "Todas as minhas fontes estão em ti, em ti, meu bom Deus". Tais palavras expressam uma experiência. O próprio Deus se tornou uma fonte para aqueles que oram. Uma fonte da qual podem beber. E quando se aproximam de tal fonte divina, tudo que há de ressecado e petrificado neles se dissolve. É tal como a rocha no deserto. Quando Moisés a tocou com sua vara, uma fonte viva brotou. Desta forma o encontro com Deus faz com que brote água fresca e vivificante de nosso coração endurecido e amargo.

No Livro dos Provérbios, o temor a Deus é considerado uma fonte da vida (Pr 14,20). Quando levo Deus a sério, quando me deixo atingir por Ele considerando-o real, abasteço-me de uma fonte que jamais resseca. No livro bíblico dos Provérbios, o autor fez uso de um tesouro universal de sabedorias. A fonte aqui também constitui uma imagem importante, considerada dentro de diversos contextos. "O conselho do sábio é fonte de vida, para evitar os laços da morte" (Pr 13,4). A fonte da vida, porém, também se encontra na inteligência humana (Pr 16,22). E, por vezes, as palavras que saem da boca do homem são "um riacho borbulhante, uma fonte de sabedoria" (Pr 18,4). Inversamente, a pessoa justa que fraqueja diante do malfeitor torna-se "uma fonte turva, um manancial poluído" (Pr 25,26). Nos dias de hoje, podemos fazer a mesma experiência de antigamente. Às vezes, ao lermos um livro, as palavras tornam-se uma fonte que nos vivifica. Ou então alguém pronuncia uma palavra que atinge o nosso coração e faz borbulhar a fonte que existe em nós, porém muitas vezes encontra-se soterrada. Quando, no entanto, nos afastamos de nosso verdadeiro ser, permitindo ser moldados pelos outros, a fonte em nós é soterrada. Quando alcançamos a sabedoria através do encontro com pessoas sábias, encontramos em nós uma fonte que gera vida. No Cântico dos Cânticos, o noivo chama sua noiva de fonte selada (Ct 4,12). E a louva através da imagem da fonte: "És fonte de jardim, poço de águas vivas" (Ct 4,15). Uma pessoa amada é como uma fonte da qual podemos beber. Em suas canções de amor, poetas de todos os tempos falam de tal experiência. A mulher constitui uma fonte de inspiração para o homem, que lhe dá asas. Ela é, simultaneamente, uma fonte de amor que o deleita. Inversamente, o homem pode se tornar uma fonte de clareza e orientação para a mulher, uma fonte que a abastece com força e energia em seu dia a dia.

O Profeta Isaías considera a fonte uma imagem do bem com que Deus nos presenteou. "Portanto, com alegria tirareis águas das fontes da salvação" (Is 12,3). E àqueles que se sentem tal como um deserto, ressecados e petrificados, Deus promete: "as águas arrebentarão no deserto e ribeiros no ermo... E a miragem se transformará em lago, e a terra sedenta, em mananciais de águas" (Is 35,6s.). As palavras que Deus nos diz são de consolo. Cada um de nós experimenta épocas de deserto. Mas no meio do deserto existem fontes e lagos dos quais podemos beber. A promessa nos liberta da fixação no que há de murcho e ressecado em nós. A fonte, no entanto, não regará o deserto inteiro, e, sim, apenas um pequeno âmbito. Precisamos suportar essa tensão de ser um deserto no qual emerge uma fonte. Muitas vezes nos sentimos ressecados, tal como o deserto. Tudo em nós é ermo e vazio. E, mesmo assim, devemos acreditar que existe uma fonte no meio do nosso deserto. Isto o torna mais relativo. Através de seu espírito, Deus transforma o nosso coração endurecido em fonte viva. E nos conduz cheio de piedade até as fontes da salvação (cf. Is 49,10). No livro do Profeta Jeremias Deus se autonomeia fonte de água viva. Os seres humanos, porém, desdenham esta fonte. Preferem cavar cisternas rachadas que não retêm a água (Jr 2,13). Deus ameaça o povo com desgraças, pois este o abandonou. E como imagem da desgraça, o Profeta Oseias faz uso da ideia de fontes que ressecam (Os 13,15). Assim como no tempo de Oseias, atualmente também existem falsos profetas que anunciam fontes que ressecam rapidamente. Oferecem-nos caminhos de felicidade. Quando, porém, a euforia inicial do caminho novo se desfaz, a fonte prometida revela-se uma cisterna rachada cuja água escapa.

O Profeta Ezequiel vê em uma visão uma fonte que brota por debaixo da soleira de um templo, doando assim água suficiente para a formação de um grande rio que desemboca no mar. A água da fonte do templo cura a água salgada do mar. "Por isso, em todo lugar por onde passar a torrente, os seres vivos que a povoam terão vida. Haverá abundância de peixes, pois, onde quer que essa água chegue, ela levará vida, de modo que haverá vida em todo lugar que a torrente atingir (Ez 47,9). Os pais da Igreja interpretaram a visão pensando no lado do corpo de Jesus, do qual brotam sangue e água durante a morte na cruz. Jesus é o verdadeiro templo. A água que brota da fonte de seu coração cura e sara a nossa vida ferida e nos doa a plenitude da vida.

No Apocalipse, o último livro do Novo Testamento, a salvação que recebemos de Cristo é descrita através da imagem da fonte: "Pois o Cordeiro que está no meio do trono será o pastor deles; vai conduzi-los até às fontes de água da vida" (Ap 7,17). O próprio Cristo nos conduzirá até as fontes das quais podemos beber a água que nos torna vivos. Na última visão, Cristo, sentado no trono, nos convida: "Para quem tiver sede, eu darei de graça da fonte de água viva" (Ap 21,6).

As diversas passagem bíblicas citadas por mim convidam-no a meditar sobre as mesmas e a internalizá-las. Caso você acolha as imagens bíblicas da fonte, aproximar-se-á da fonte interior. Trata-se sempre de uma fonte curativa e refrescante que vivifica e fertiliza. Necessitamos das palavras bíblicas para que nos lembrem de nossas fontes interiores e as façam fluir novamente em nós. Para a Bíblia, Deus é a real fonte da qual nos abastecemos. Quando bebemos desta fonte, tornamo-nos inteiros e saudáveis. Quando bebemos de fontes turvas, adoecemos. Quando nossa fonte interior se encontra soterrada, a nossa vida se torna estéril. Petrificamos. Nada mais em nós flui. A água da vida é fresca e refrescante. Não é choca e sem gosto como a água guardada nas cisternas. Deus é sempre um Deus vivo. Mas apenas permanece vivo em nós quando deixamos a sua fonte fluir, quando dela bebemos no intuito de nos tornarmos uma fonte para outros.

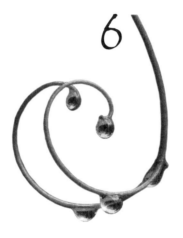

6

As fontes das quais me abasteço

Durante os meus cursos, muitas vezes me perguntam de que fontes me abasteço. Quando as pessoas descobrem qual a minha atividade no mosteiro e como me ocupo fora dele, sempre acham exagerado. Pessoalmente, não me sinto sobrecarregado ou estressado. Sei que não é mérito meu. Atualmente, quando me justifico em relação às fontes das quais bebi durante todos esses anos, reconheço, com gratidão, tudo aquilo que recebi de meus pais, meus irmãos, amigos e amigas e, por fim, de Deus. Ele é e permanece a real fonte da minha vida.

Sou grato pela minha infância. O acompanhamento de diversas pessoas que me falaram de suas infâncias nada fáceis permite-me olhar com mais gratidão para o tempo e o contexto no qual cresci. Éramos sete filhos. Sempre acontecia algo, jamais me senti sozinho. Meu pai era um homem profundamente religioso. Ele, porém, também levou a sua vida adiante. É preciso ser corajoso para simplesmente mudar-se, enquanto jovem rapaz, da bacia do Ruhr para a Bavária, apenas por se aborrecer com o fato de ter que trabalhar no Dia de Reis. Construiu, com muito esforço, um negócio próprio no lugar que passou a viver, sem, no entanto, obter muito sucesso. Durante todos os anos dedicou igualmente muito de seu tempo para nós, os seus filhos. Introduziu-nos, a seu modo, no segredo da vida.

Minha mãe já era mais prática. Organizava o lar e a vida dos filhos. Ela também era muito religiosa, porém jamais de forma dogmática ou rígida. Quando meu pai morreu, em 1971, pouco antes da minha ordenação, minha mãe passou por mais um processo de amadurecimento interno. Durante a sua velhice, era sempre alegre apesar de sua limitação visual. Confiava em sua intuição e em seu amplo coração. Apesar de estar firmemente ligada à Igreja, assumia que não concordava com alguns pontos das remissões romanas. Os nossos pais nos deram uma base firme. Naturalmente não eram infalíveis, mas mesmo quando experimentávamos, enquanto crianças, as suas limitações, estas não eram ameaçadoras, nem nos amedrontavam. Nossos pais nos deram muito, mas certamente não tudo de que necessitávamos. Deste modo permaneceram déficits, dos quais tomei consciência de modo doloroso quando comecei a me dedicar à psicologia. Percebi que não experimentei o carinho que havia desejado. Estava claro que meus pais aceitavam e amavam a todos nós, apesar de raramente o terem expressado corporalmente. Ao todo, no entanto, sinto que a infância constitui uma fonte importante da qual posso abastecer-me.

Quando criança, sempre tive ideias extravagantes. Um dia quis construir um lago para peixes. Implorei a um mestre de obras que me desse um saco de cimento. Em seguida, cavei de modo um tanto criativo um fosso em volta de uma ilha. Misturei cimento e areia e passei a argamassa nas paredes. Peguei os peixes e as plantas de uma pequena represa. Pus uma placa ao lado do lago de peixes: "O acesso à ilha custa dez centavos". Parece que naquela época eu já havia desenvolvido um modo criativo para conseguir dinheiro. Desejei livrar-me dessa tendência no mosteiro, pois não combinava com a minha imagem ideal de monge. O abade, porém, me estimulava a usá-la a favor do mosteiro. Deste modo, sempre lidei criativamente com o dinheiro, descobrindo fontes para ganhá-lo sem explorar as pessoas.

Naturalmente não se trata de prosseguir, enquanto adulto, com as brincadeiras da infância. Mas posso enxergar uma imagem de minha fonte interior. Quando criança, sempre desejei tornar-me pedreiro. Caso tivesse me tornado pedreiro, certamente não teria podido desenvolver muitas das minhas capacidades. Mas até hoje tal ofício constitui uma imagem importante para os livros que escrevo. Desejo construir uma casa através de minha escrita. As pessoas devem sentir-se compreendidas e aceitas quando leem um livro. Quem se sente compreendido, pode descansar aliviado. Fortalece-se e se sente em casa. Deste modo poderá dirigir-se, após um período de recolhimento e diálogo interno com as ideias e experiências oferecidas pelo livro, para o mundo exterior com novas forças, no sentido de criar e participar na construção de um mundo mais humano. Quando escrevo percebo o quanto esta imagem e aquilo que ela expressa se tornam uma fonte para mim, da qual as palavras simplesmente brotam. Caso eu tivesse um outro objetivo, isto é, escrevesse para atender às expectativas do leitor, obter sucesso de venda ou criar algo perfeito, estaria me orientando a partir de uma fonte turva, que logo me exauriria. Aquilo que associo à imagem do pedreiro e à construção me ajuda a perceber, no ato de escrever, algo que faz sentido para mim. Sinto-me alegre e fortalecido, ao invés de desperdiçar a minha energia.

Durante a nossa infância, tínhamos bastante liberdade para desenvolvermos a nossa criatividade. Inventávamos constantemente novas brincadeiras e travessuras e gostávamos de fazer artesanato. Apesar de vivermos em um contexto modesto, existia aí uma segurança com a qual podíamos contar. Meus pais me transmitiram a postura de poder confiar na possibilidade de resolver os problemas que me desafiam e de que posso participar de modo autônomo da criação do meu futuro. Porém, aquilo que os outros pensavam de nós era considerado um tanto importante. Durante um tempo isto me deixava inseguro. Mas, ao mesmo tempo, percebia que o meu pai vivia de acordo com o que sentia em seu íntimo. Deste modo, logo me senti livre para viver a minha própria vida.

Meu pai nos deixava agir. Quando tínhamos ideias novas, ele sempre se orgulhava delas e nos apoiava. Quando íamos, aos 14 ou 16 anos, de bicicleta à Áustria e à Suíça, não fazia objeções. Acreditava que iríamos nos comportar de forma adequada e que voltaríamos sãos e salvos. Essa confiança me ajudou mais tarde em meu trabalho com jovens. Julgava-os capazes e não receava que as coisas pudessem dar errado. Tratava-se de cursos grandes, com até 300 participantes, e, realmente, sempre tudo deu certo.

Sou grato à paróquia na qual fui criado. Em 1947, a nossa igreja de Lochham foi a primeira a ser construída na diocese de Munique, após a guerra. Era uma igreja simples. Mas sempre me senti bem nela. E a vida na paróquia era um tanto dinâmica. Contávamos com padres e capelães engajados e nos encontrávamos com muitos jovens. Desde criança sou bastante aberto para as missas solenes que ocorrem no Natal, na Páscoa ou no feriado de *Corpus Christi*. Gosto de me lembrar das devoções a Maria, com as suas belas canções marianas e o cheiro de flores na igreja. Algo da ordem do afeto penetrava a igreja. A forma que celebrávamos o serviço religioso me fazia sentir acolhimento e amor.

Também sou grato pela escola na qual estudei. Durante o ensino primário, o estudo me fazia feliz. Era mais lúdico, não existia toda esta pressão relacionada ao desempenho. Com apenas dez anos, fui para o colégio interno em St. Ludwig, próximo de Münsterschwarzach, a 300 quilômetros de minha casa. Naturalmente era sempre difícil deixar a minha casa e voltar ao colégio interno, mas nesse colégio também tive bons professores que, principalmente, me ensinaram a estudar bem e de modo efetivo, além de despertarem o meu interesse para muitas coisas: para a matemática, línguas e música. Minha mãe era muito musical, meu pai não. Sendo assim, eu achava o meu desempenho nas aulas de música um pouco fraco. Mas quando, aos 14 anos, aprendi a tocar cello, a música tomou posse de mim. Padre Otto, que me ensinou a tocá-lo, mostrou-me como formar a minha voz na puberdade. Não era nenhum perfeccionista, mas tinha uma boa intuição em relação às capacidades e limites dos alunos. Desde que esse amor pela música foi despertado em mim, a música permaneceu uma fonte importante, da qual me abasteço. Gosto de tirar um tempo para ouvir as canções de Bach, muitas vezes com o fone de ouvido, para entregar-me totalmente ao ato de ouvir. Quando escuto uma canção de Bach, entro em contato com o meu desejo espiritual. A música me conduz de modo profundo ao meu coração. Intuo o que realmente me sustenta, o que me alimenta. Mas a música clássica de Mozart, Beethoven e Haydn também me toca. Por vezes, quando me aborreço com algum problema na administração, escuto um CD da ópera de Mozart "Cosi fan tutte" ou as "Bodas de Fígaro". A vivacidade da música espanta o meu aborrecimento e o meu coração se torna leve.

O que aprendi de meu pai, aprofundando-o mais tarde na escola, foi uma disciplina clara. O atleta pode perder, ele não se queixa – era esta a postura de meu pai. Também foi ele que me ensinou a me concentrar apenas em uma coisa. Deste modo, desenvolvi um modo particular de estudar durante o ensino médio. Fazia pausas durante o estudo e direcionava a minha atenção alternadamente para diferentes objetos internos. Esta forma de disciplina em relação ao tempo, que também segue um ritmo interno, constitui atualmente uma fonte importante da qual me abasteço. Não tenho a impressão de me forçar para a disciplina. Trata-se muito mais de um modo de trabalhar que corresponde a minha alma.

Apesar de ter uma boa disciplina em relação ao tempo, não consigo manter a minha escrivaninha em ordem. Parece que também herdei isso de meu pai. Quando precisávamos de sua escrivaninha no dia do Natal para montar o presépio e a árvore, minha mãe simplesmente tirava tudo da mesma. Todo ano isso era um problema para o meu pai, pois não achava mais o que procurava. Não sei por que assumi esse comportamento do meu pai. Arrumar o quarto e colocar a minha escrivaninha em ordem são tarefas que sempre adio para momentos quando tenho menos obrigações, algo que raramente acontece. Deste modo, muitas coisas permanecem intocadas. Tenho o costume de abrir imediatamente as cartas que recebo no dia. Apenas quando os remetentes têm a intenção de me usar para realizar um trabalho de bibliotecário para eles, procurando pela literatura adequada ou quando me confrontam com verdadeiros romances, protesto e deixo as cartas de lado.

Por vezes os meus irmãos não conseguem entender por que não me irrito com determinados problemas e também não demonstro indignação. Sinto, no entanto, que neste sentido também aprendi algo de meu pai. Em alguns contextos, ele lutava apaixonadamente. Sempre quando se sentia injustiçado pelo Estado ele reagia de modo enérgico e escrevia cartas um tanto aborrecidas. Em muitas outras questões, no entanto, mantinha a serenidade. Algumas coisas simplesmente não eram importantes para ele, pois vivia a partir de uma outra fonte. Quem reconhece alguns problemas como superficiais não é mais tocado por eles no sentido de se irritar. Neste sentido, meu pai continua um modelo para mim.

Uma das fontes que meu pai revelou para mim é a natureza. Gostava de passear com os filhos pela floresta e falava sobre os pássaros e as árvores para nós. À noite, direcionava o nosso olhar para as constelações celestes. Ainda hoje, tal fonte é importante para mim; abasteço-me dela à medida que caminho, entregando-me simplesmente à natureza, olho, cheiro, sinto e ouço. Na criação encontro o Criador que também criou a mim. Encontro igualmente o Deus materno, ao lado do qual me sinto acolhido, rodeado por amor, vivacidade e afeto.

Meu pai falava muito com os filhos. Contava-nos de sua vida, sobre o que o mobilizava e o que o fez viver da forma que vivia. A conversa sempre apontava para algo desconhecido, misterioso. É deste modo que atualmente vivencio as consultas que têm êxito. Tocamos em algo que está além de mim. Não discutimos simplesmente sobre as coisas, nem trocamos apenas o nosso conhecimento, e, sim, falando, alcançamos um estágio totalmente diferente. Muitas vezes vivencio as conversas com mulheres como especialmente inspiradoras. Sinto que, de repente, surge uma compreensão mútua, de que estamos falando sobre a mesma coisa. A parceira da conversa provoca algo em mim, algo que eu não enxergaria sozinho. Essa experiência não é apenas estimulante, e, sim, faz com que continue procurando, para que encontre a chave que abre a porta que conduz ao mistério.

As experiências com a leitura constituem experiências muito marcantes de minha infância, pelo menos quando penso em meu pai, que nas tardes de domingo sempre se enterrava em algum livro. Quando minha irmã começou a ler Karl Marx, muitas vezes não achava mais seus livros. O pai os havia pegado para ler. Mais tarde, passou a dar preferência aos livros religiosos. Continuou lendo até uma idade avançada, pois queria saber como as outras pessoas viam e entendiam a fé e a vida. Começou a aprender russo aos 68 anos, pois aquele país e a sua mentalidade especial sempre o fascinaram. Quando jovem, eu não costumava ler muito. Brincar era mais importante. Agora, porém, a leitura exerce um papel importante para mim. Alguns livros me prendem. Antigamente copiava livros inteiros; marcava as partes mais importantes e as passava para papéis, inserindo estes em uma caixa que havia organizado a partir de diversas temáticas. Atualmente, considero mais importante aprofundar-me em um livro e mergulhar em um mundo próprio através da leitura. Cada livro cria um determinado ambiente. E sinto que o simples mergulho nesse ambiente me faz bem. Não preciso pressionar-me para concretizar aquilo que leio. A leitura por si só, como, por exemplo, a leitura das escrituras dos místicos e dos pais da Igreja, me transforma e também o meu estado interior. Obviamente existem outros livros que estudo com mais afinco, que me possibilitam novas descobertas e onde algumas frases específicas são importantes.

Também devo à minha mãe, uma mulher muito prática, fontes importantes. Até hoje ela representa, em várias situações, um modelo inspirador para mim. Encarou os acontecimentos de sua vida, organizou-os e enfrentou-os da melhor forma possível e manteve uma atitude otimista por toda sua vida. Mesmo quando mais velha e quando quase não enxergava mais, não se queixava, mas, sim, sempre via o lado positivo das coisas, aceitando as suas fraquezas com humor. E manteve a sua mente saudável. Tinha um jeito inato de ouvir as pessoas. Quando era encarregada pela Caritas a visitar as pessoas na cidade, sempre tinha bastante tempo para conversar com elas. Não tinha medo de visitar uma casa, cujo ambiente ainda estava marcado pelo luto por uma pessoa falecida. Simplesmente ouvia, respondendo com palavras simples, jamais em um tom doutrinal, e, sim, com compreensão e compaixão. Tinha um jeito próprio de começar, de engrenar em uma conversa com as pessoas e fazer com que elas falassem como realmente se sentiam. Não se tratava de curiosidade, e, sim, de interesse pela pessoa. E desejava transmitir sempre às pessoas, que as compreendia, que rezava por elas e que existia um caminho para lidar com o sofrimento.

Atualmente, abasteço-me principalmente da fonte de minha vida como monge. As primeiras três horas do dia são as horas do silêncio, da oração e da meditação. Tenho a sensação de que essas três horas que pertencem a Deus, ao mesmo tempo, também são minhas. São horas durante as quais estou comigo mesmo e me abro para Deus, a real fonte de minha vida. Essas três horas são sagradas para mim e não abro mão delas, mesmo quando tenho muitas tarefas. O ritmo do dia, com as suas horas de oração, constitui um importante suporte para mim, para que não me desvirtue do meu centro e de minha ligação com as fontes interiores. Cantar os salmos é especialmente importante neste sentido. Certamente o canto, às vezes, também é exaustivo, principalmente quando o coral não consegue manter o tom. Normalmente, porém, aguardo a oração noturna durante a qual cantamos os salmos por meia hora, com expectativa. Muitas vezes vivencio tal atividade como um luxo, que concedo a mim, mesmo quando tenho bastante trabalho. A insistência nos horários da oração, no entanto, torna o meu trabalho mais relativo e me mostra do que se trata realmente: "para que tudo seja glorificado em Deus".

Devo o fato de o caminho espiritual ter se tornado uma fonte importante na minha vida a muitos irmãos e principalmente ao mestre dos noviços, Pe. Augustin Hahner. Ele era um organista e um professor abençoado. Não era um típico mestre de noviços. Precisou, primeiramente, aprofundar-se na espiritualidade monástica. Viveu, porém, a vida de monge de um modo muito convincente para mim. E fortaleceu o meu amor pela liturgia, amor este que eu já cultivava quando criança. Quando nos introduziu nas diversas festas do calendário religioso não nos contava sobre a teologia da festa, mas sim de suas próprias experiências. Fiquei muito tocado quando nos introduziu a festa do dia de Todos os Santos. Falou-nos de quando lembrou, enquanto soldado no campo de batalha, que naquela hora os seus irmãos estavam cantando a primeira oração dessa festa através do canto litúrgico: "*Vide turbam magnam* = Vi uma grande multidão incontável". Sempre me lembro dessa introdução pessoal quando canto este canto litúrgico. A partir deste ponto de vista, o céu se abre acima dos campos de batalha deste mundo e de minhas forças pessoais. As preocupações e problemas que me ocupam se tornam mais relativos.

A celebração eucarística diária é igualmente uma fonte importante para mim. Naturalmente às vezes também me desconcentro e me ocupo com os meus próprios pensamentos e problemas. Mas quando me entrego à Eucaristia, então a vivencio como o lugar onde tudo em mim se transforma e adquire um novo significado. A morte, aquilo que se encontra enrijecido e obscuro se torna espaço de renascimento, de luz e esperança. Durante a Epiclese, coloco as minhas mãos sobre as oferendas – o pão e o vinho – e sobre meu cotidiano. Suplico ao Espírito Santo que transforme o último, no sentido de sua fonte fluir durante a labuta diária. Para mim, a Santa Comunhão constitui o encontro mais intenso com Jesus Cristo. Imagino como Cristo, e com Ele o seu espírito, me penetra. E este espírito de Jesus é a fonte da qual me abastecerei durante o dia. Tomo consciência daquilo que realmente conta para minha vida. O que conta não é apenas o que realizo, e, sim, o fato de me tornar permeável para Jesus Cristo e seu espírito. Então peço a Jesus que permeie as minhas palavras e meus atos com seu espírito. Isto confere um outro sabor a minha vida e me liberta ao mesmo tempo da pressão que, por vezes, imponho a mim mesmo, de querer transmitir apenas amabilidade e serenidade.

Antes de reuniões, das quais já sei que não serão fáceis, faço uma pequena oração para que eu me torne permeável para o Espírito de Deus. Tento lembrar-me da experiência da celebração da Eucaristia. Isto me protege diante da possibilidade de ser infectado pelas emoções dos outros, agindo de modo reativo. Torno-me sensível diante de meus interlocutores. Liberto-me da pressão de convencer os outros ou de impor a minha opinião. Envolvo-me e confio na presença de um outro espírito que atua entre nós. Antigamente, muitas vezes, fixava-me nos problemas a serem discutidos durante as reuniões. Exerciam um peso sobre mim, tal como uma rocha, e custavam-me muita força. Quando vivo o meu dia a dia a partir da fonte da Eucaristia, este se transforma e se torna menos penoso para mim.

Sou grato por todas as fontes das quais posso me abastecer diariamente: meus pais, professores, educadores e irmãos que me conduziram a elas. Sei que não são mérito meu e, sim, um presente de Deus, que honro, principalmente, quando bebo de tais fontes. Falei delas para que o leitor reflita sobre a sua própria vida e procure pelas fontes recebidas por Deus através de sua história de vida.

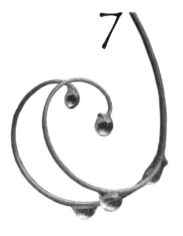

Procure por suas próprias fontes

Ninguém pode simplesmente copiar a vida do outro. Cada um precisa encontrar os seus próprios recursos. Também você, querida leitora, querido leitor, precisa encontrar as suas próprias fontes. Considere cuidadosamente tudo aquilo que promove e fortalece a sua vida. Comece a procurar e inicie a sua procura em sua infância.

Quando criança, onde fluía a sua energia? O que aprendeu de seu pai e de sua mãe? Onde se recolhia quando criança? Em que lugar gostava mais de brincar? Com que se entusiasmava? E em que investia a sua força?

Com que fontes os seus pais lhe presentearam? O que aprendeu de seu pai e de sua mãe? Como seu pai enfrentou a vida? Quais raízes deve ao seu pai e quais a sua mãe? Você sente as raízes saudáveis de seus pais e avós das quais nasce a árvore de sua vida? Ou tem a impressão de que as raízes estão danificadas ou até envenenadas? Onde então se enraizou para poder viver?

Quando fizer tais perguntas, confie em seu sentimento. Algumas pessoas têm dificuldades de encontrar situações de sua infância, onde podiam ser autênticas, estar em harmonia consigo mesmas, felizes e satisfeitas. Mas logo que você começa a lembrar de sua infância, imagens que lhe indicam quais eram as suas preferências e onde mais você sentiu a si mesmo quando criança surgirão. Olhar para as fotos de sua infância será de grande ajuda. Confie no sorriso aberto que você encontra em tais fotos. Nesse momento, você era exatamente o que você é. Nessas fotos, possivelmente, encontrará modos de ser que atualmente se encontram soterrados, mas que desejam, no entanto, serem escavados novamente.

Uma fonte deseja fluir. Você não pode ficar com a água da fonte somente para você. Ela permanece fresca e refrescante apenas quando flui. Caso contrário, torna-se choca e perde a sua força. A fonte quer fluir em você, porém deseja também fluir a partir de você em direção aos outros. Atualmente, onde flui a sua energia? Lá onde a vida flui em você, onde está em contato com a base de sua vida. Talvez você tenha a impressão de que momentaneamente a vida encontra-se estancada. Imagine então para onde a sua energia deseja fluir. O que o tornaria mais vivo? Férias em um país estrangeiro? Ou algum trabalho, no qual gostaria de investir? Ou alguma atividade criativa?

Devaneie simplesmente um pouco sobre o que gostaria de fazer. Não desvalorize imediatamente os seus sonhos no sentido de desqualificá-los como ilusórios. Quando sonhamos devemos permitir que as imagens de nossos desejos surjam sem questionarmos imediatamente como concretizá-las. Trata-se de um segundo passo. Aí, sim, você reflete como realizar os seus desejos de forma mais concreta. É possível realizar os seus sonhos em sua atual profissão? Ou será que precisa procurar por um outro trabalho? O sonho representa aquilo que você está fazendo no atual momento? Neste caso, a imagem poderia ajudá-lo a fazer a sua energia fluir novamente. Você teria uma imagem para o seu trabalho ou sua profissão que lhe motiva.

Tal imagem atribui sentido a sua atividade e faz com que você se alegre novamente com a mesma. Algo em você é posto em movimento.

Olhe para sua vida de modo mais preciso. De tempos em tempos, deveríamos refletir sobre o nosso trabalho, nossa posição na família ou na comunidade e nos perguntar se tudo isso ainda está de acordo com o que queremos. Aquilo que se transformou em rotina vazia nos rouba a nossa energia. Continuamos a trabalhar e viver assim como sempre, mas nos falta o estímulo interno, o fogo, o entusiasmo. Existem atividades que nos fornecem energia e outras que nos roubam a mesma. Você pode classificar tudo o que faz em seu trabalho ou em sua rotina de acordo com o critério do fornecedor de energia e do ladrão de energia. Feito isto, reconhecerá onde você está em contato com sua fonte interior e onde não. Ninguém pode se dedicar apenas a atividades que fazem a sua energia fluir. No dia a dia, a rotina e a resistência também fazem parte da vida. Você pode, no entanto, questionar-se se aquilo que lhe rouba a energia é realmente necessário. Quando, porém, você realmente precisa realizá-lo, terá que procurar por uma motivação no sentido de também realizar estes trabalhos simples ou desagradáveis.

Pergunte-se sempre sobre a sua missão pessoal. Tente descrever o sentido da sua vida. É ele a razão determinante para o fluxo de sua fonte interior. Não vivemos apenas para nós. A razão de nossa vida não consiste no fato de estarmos bem e nos sentirmos bem. Isto nos conduziria a um movimento giratório infrutífero em torno de nós mesmos. Naturalmente a pergunta a respeito de nosso bem-estar pessoal é importante. Não deveríamos trabalhar contra a natureza. E, por mais que nos envolvamos intensamente com o mundo externo, devemos cuidar também de nós. A tradição espiritual nos diz sempre: Cuide de sua alma. Não se trata de uma fixação narcisista, pois nos sentimos realmente bem apenas quando a fonte flui a partir de nós, estando também a serviço da vida de outras pessoas. Conheço pessoas que sempre procuram apenas por aquilo que lhes serve pessoalmente, que lhes "traz" algo. Este tipo de estímulo as move a fazer constantemente novos cursos de aperfeiçoamento e formações extras. Por vezes, porém, tenho a impressão de que todas essas atividades possuem apenas a função de substituir algo. No âmbito da administração, fala-se de *input* e *output*. Algumas pessoas ficam engasgadas de tanto *input*. Assimilam cada vez mais coisas; isto, no entanto, não resulta em nada. Nada flui. Por isso, passe adiante aquilo que você tem. Leve as suas capacidades para o mundo. Confie em sua competência, descubra as suas possibilidades pessoais e permita que outros usufruam das mesmas. Deste modo, a vida criada por sua fonte também ajudará os outros.

Pergunte-se sobre como tornar-se uma bênção para os outros. A noção bíblica de missão é igualmente importante para sua vida pessoal. Fomos enviados a este mundo para cumprirmos uma missão. A missão original com que Deus encarregou Adão e Eva era: "Frutificai e multiplicai-vos" (Gn 1,28). Isto não significa apenas que devam ter filhos, e, sim, que sua vida deve trazer frutos para a terra e a humanidade. No início da história da salvação Deus encarrega Abraão com uma missão e ao mesmo tempo promete: "Serás uma bênção" (Gn 12,2). A nossa é nos tornarmos uma bênção para os outros. Cada um de nós cumprirá tal missão de acordo com seu modo pessoal de ser. Um se torna uma bênção para a humanidade, pois inventou algo importante; o outro contribuiu para o bem-estar de seu país enquanto estadista; o terceiro cria uma obra de valor duradouro. Mas não se trata apenas do ato de fazer, do desempenho e da utilidade. Algumas pessoas tornam-se uma bênção simplesmente por existirem, em função de seu carisma pessoal. Um homem, que sofria frequentemente de depressão, contou-me o quanto foi benéfico quando uma vendedora amável puxou conversa com ele durante as compras. Tiveram uma conversa maravilhosa. Cada um de nós tem um carisma. Também você. Cada um de nós pode se tornar a luz para a escuridão do outro. Cada um de nós encontra outras pessoas todos os dias, deixando assim uma marca pessoal. Essa marca pode expressar-se através das mais diversas formas. A partir da insatisfação, da ira ou então de forma amável, suave, encorajadora, refrescante, libertadora. Decida-se pela opção positiva. Será benéfica para você e para os outros. Não se compare aos outros e não caia na tentação de se desvalorizar em função do desempenho maior dos outros. Não pergunte apenas sobre o seu desempenho. Existe algo mais importante. O que você transmite em matéria de vida e sentido para este mundo? Que marca você deixa a partir de tudo que você faz e é?

Quem sabe, aquilo com que às vezes encarrego as pessoas que acompanho também lhe pode servir como exercício. Imagine: pouco antes de sua morte, você escreve a um amigo ou uma amiga sobre aquilo que desejava dizer ou transmitir através de sua vida. Não se trata de ensinamentos, e, sim, da questão do que você queria expressar através de sua existência pessoal. Pretende prestar contas para quê? Apenas para você ou para algo maior? Para o amor, o Deus misericordioso? O que as pessoas podem enxergar através de você e de sua vida? Qual a mensagem que deseja transmitir aos outros? O que as pessoas devem falar sobre você após a sua morte? Que impressão você pretende legar às pessoas? Que imagens da vida você pretende gravar no coração das pessoas? Apesar de nossas motivações serem sempre múltiplas e jamais poderem ser reduzidas a uma causa só, é importante que você se justifique perante si mesmo sobre qual é a mola mestra de sua vida. O que te leva a levantar todos os dias? Trata-se apenas da rotina, pois precisa ganhar dinheiro? Ou você é motivado por algo mais profundo? O que, em última instância, você deseja transmitir com a sua vida? Você necessita de uma imagem para sua vida. Deste modo, a sua fonte começa a fluir.

Quando você pergunta sobre a sua missão, isto não significa que você precisa transformar o mundo todo. Mas cada um de nós, assim como você, marca o mundo através de seu carisma pessoal, das palavras que diz, do clima que difunde, dos pensamentos e sentimentos que transmite. Não somos responsáveis pelo mundo inteiro, mas somos responsáveis pelo mundo que nos circunda. Aquilo que transmitimos é como uma pedra que é jogada na água e deixa círculos. Uma mulher me perguntou: "o que devo fazer para este mundo? Sou depressiva e já tenho que lutar o suficiente para lidar mais ou menos com a minha depressão". Respondi a ela: "Você não se deve pressionar a fazer algo para este mundo. E também não precisa transmitir alegria para este mundo. A sua tarefa pessoal é fazer as pazes com a depressão. Deste modo irá transmitir amabilidade e esperança para o mundo através da sua doença. Assim o mundo se tornará mais luminoso e inteiro através de você. Uma outra alternativa seria acusar constantemente as pessoas de seu convívio por não a compreenderem e de serem culpadas por sua depressão. Deste modo você propagará sentimentos de culpa e insatisfação".

Cada um de nós é responsável pela forma que lida com aquilo que lhe acomete. Você também carrega esta responsabilidade. Durante sua vida você poderá fazer as pazes com as dificuldades que encontrou em seu caminho e transformá-lo deste modo. Ou então, você pode se tornar uma pessoa amarga. Mas, quando somos amargos, transmitimos amargura e, quando abrigamos a escuridão, o mundo a nossa volta escurece. A sua missão é tornar o mundo mais luminoso.

Envolva-se, principalmente quando se trata de situações críticas de decisão, de modo bem consciente com a pergunta a respeito de sua missão. A missão confere sentido a nossa vida. Em alemão a palavra *missão* possui a mesma raiz que a palavra *sentido*. Tem a ver com "viajar". A missão nos envia para uma viagem. E durante a viagem você encontra a direção que lhe leva até o seu objetivo. A missão permite que a fonte borbulhe em você. E ela o afasta desta sua postura ensimesmada, infrutífera e de isolamento. O fluxo da vida é a real condição para que você se sinta realmente bem. Quando sua vida se torna uma bênção para os outros, você mesmo será presenteado por aqueles que você presenteia e receberá muita gratidão em troca. Não doamos por precisarmos da gratidão e do afeto dos outros, mas sim por nos sentirmos internamente impelidos para tal. E é assim que isto se torna um fluxo de mão dupla, que o mantém vivo e que desperta a vida nas pessoas que o rodeiam. A longo prazo, isto o preencherá com alegria e gratidão. Por isso, escute os seus próprios sentimentos. Quando se sente esgotado, amargo ou usado, quando está sensível e irritado, isto indica que não está se abastecendo da fonte clara do Espírito Santo quando realiza a sua missão. Outros motivos se infiltraram. A ambição, o sentimento de ser alguém especial e a vontade de querer estar acima dos outros. Permaneça sempre sincero consigo mesmo, exercite-se na diferenciação dos espíritos. Pois assim você se abastecerá da fonte interior, que jamais seca por ser divina, quando se empenha pelos outros.

Desejo a você, querido leitor, querida leitora, que tenha êxito na procura por sua fonte pessoal.

Desejo que, através desta leitura, reconheça melhor as fontes turvas que habitam você. E que, a partir destas, cave até o fundo de sua alma na busca da fonte clara do Espírito Santo que refresca, vivifica, fortalece e purifica e que possibilita o surgimento de um fruto que alegra você e os outros. Que as imagens das fontes turvas e claras, das fontes de nossa infância e da fonte do Espírito Santo o ajudem a tornar a sua vida fértil, para que transmita vida e amplidão, liberdade e amor, fertilidade e bênção para o meio que o circunda.

Referências

ACHTERBERG, J. *Gedanken heilen*. Die Kraft der Imagination. Hamburg, 1990.

ANTONOVSKY, A. *Salutogenese* – Zur Entmystifizierung der Gesundheit, hrsg. von Alexa Franke, DGVT, 1997.

BRADSHAW, J. *Das Kind in uns* – Wie finde ich zu mir selbst. München, 1992.

JACOBS, C. *Salutogenese* – Eine pastoralpsychologische Studie zur seelischen Gesundheit, Ressourcen und Umgang mit Belsatung bei Seelsorgern. Dissertation an der Universität Passau 1999.

KAST, V. *Abschied von der Opferrolle* – Das eigene Leben leben. Freiburg, 2003.

_____. *Lass dich nicht leben – lebe* – Die eigenen Ressourcen schöpferisch nutzen. Freiburg, 2002.

KÖRNER, R. "Gedächtnis". In: *Lexikon der Spiritualität*. Freiburg, 1988, Sp. 454 ff.

KUSCHNIK, L. "Lebensmut". In: *Schwerer Krankheit* – Spirituelle Begleitung bei Krebs. München 2002.

LÄNGLE, A. *Sinnvoll leben* – Logotherapie als Lebenshilfe. Freiburg, 2002.

NOUWEN, H.J.M. *Von der geistlichen Kraft der Erinnerung*. Freiburg, 1984.

REDDEMANN, L. Ressourcenorientierung – wozu? – Aus der Sicht der Traumatherapie. In: WAP. *Dynamik der Gefühle – ressourcenorintiert leben*. Vorträge zur 18. Arbeitstagung vom 22. bis 26 März 2003, 37-46.

SCHIFFER, E. "Lebensfreude". In: *Intermediärräumen als salutogenetisches Moment*, Ebd, 47-58.

CULTURAL

Administração
Antropologia
Biografias
Comunicação
Dinâmicas e Jogos
Ecologia e Meio Ambiente
Educação e Pedagogia
Filosofia
História
Letras e Literatura
Obras de referência
Política
Psicologia
Saúde e Nutrição
Serviço Social e Trabalho
Sociologia

CATEQUÉTICO PASTORAL

Catequese
Geral
Crisma
Primeira Eucaristia

Pastoral
Geral
Sacramental
Familiar
Social
Ensino Religioso Escolar

TEOLÓGICO ESPIRITUAL

Biografias
Devocionários
Espiritualidade e Mística
Espiritualidade Mariana
Franciscanismo
Autoconhecimento
Liturgia
Obras de referência
Sagrada Escritura e Livros Apócrifos

Teologia
Bíblica
Histórica
Prática
Sistemática

REVISTAS

Concilium
Estudos Bíblicos
Grande Sinal
REB (Revista Eclesiástica Brasileira)

VOZES NOBILIS

Uma linha editorial especial, com importantes autores, alto valor agregado e qualidade superior.

VOZES DE BOLSO

Obras clássicas de Ciências Humanas em formato de bolso.

PRODUTOS SAZONAIS

Folhinha do Sagrado Coração de Jesus
Calendário de mesa do Sagrado Coração de Jesus
Agenda do Sagrado Coração de Jesus
Almanaque Santo Antônio
Agendinha
Diário Vozes
Meditações para o dia a dia
Encontro diário com Deus
Guia Litúrgico

CADASTRE-SE
www.vozes.com.br

EDITORA VOZES LTDA.
Rua Frei Luís, 100 – Centro – Cep 25689-900 – Petrópolis, RJ
Tel.: (24) 2233-9000 – Fax: (24) 2231-4676 – E-mail: vendas@vozes.com.br

UNIDADES NO BRASIL: Belo Horizonte, MG – Brasília, DF – Campinas, SP – Cuiabá, MT
Curitiba, PR – Fortaleza, CE – Goiânia, GO – Juiz de Fora, MG
Manaus, AM – Petrópolis, RJ – Porto Alegre, RS – Recife, PE – Rio de Janeiro, RJ
Salvador, BA – São Paulo, SP